MINISTÈRE DE LA GUERRE

RÈGLEMENT

SUR LES SECTIONS

DE MITRAILLEUSES D'INFANTERIE

(MITRAILLEUSES ET AFFUTS MODÈLE 1907)

Approuvé par le Ministre de la Guerre le 25 novembre 1912

TOME II

MATÉRIEL

PARIS

HENRI CHARLES-LAVAUZELLE

Éditeur militaire

10, Rue Danton, Boulevard Saint-Germain, 118

(MÊME MAISON A LIMOGES)

1913

RÈGLEMENT

SUR LES SECTIONS

DE MITRAILLEUSES D'INFANTERIE

(MITRAILLEUSES ET AFFUTS MODÈLE 1907)

Approuvé par le Ministre de la Guerre le 25 novembre 1912

TOME II

MATÉRIEL

MINISTÈRE DE LA GUERRE

RÈGLEMENT

SUR LES SECTIONS

DE MITRAILLEUSES D'INFANTERIE

(MITRAILLEUSES ET AFFUTS MODÈLE 1907)

Approuvé par le Ministre de la Guerre le 25 novembre 1912

TOME II

MATÉRIEL

PARIS

HENRI CHARLES-LAVAUZELLE

Éditeur militaire

10, Rue Danton, Boulevard Saint-Germain, 118

(MÊME MAISON A LIMOGES)

—

1913

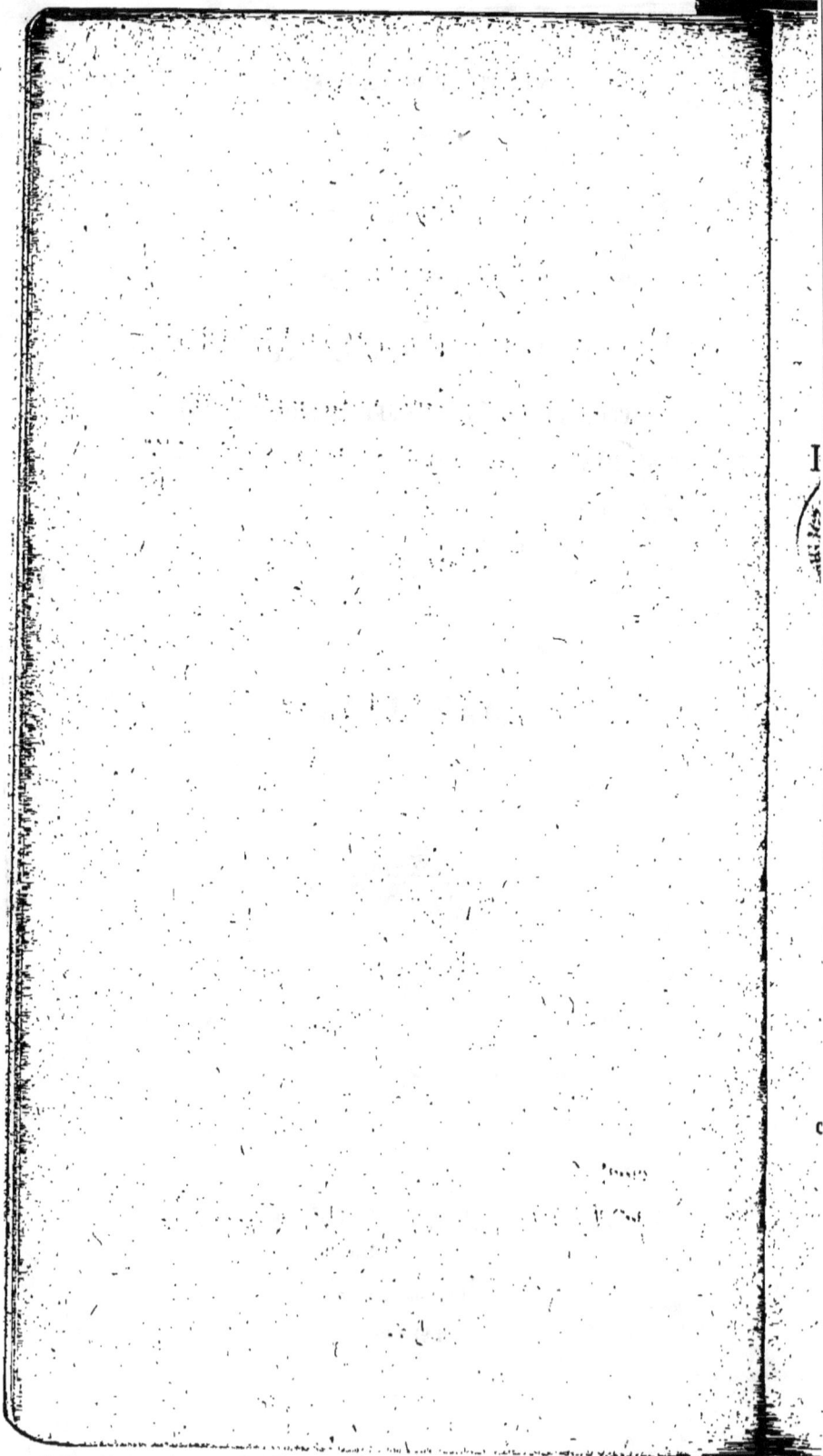

MINISTÈRE DE LA GUERRE.

RÈGLEMENT

SUR LES SECTIONS

DE MITRAILLEUSES D'INFANTERIE

(MITRAILLEUSES ET AFFUTS MODÈLE 1907)

TOME II

MATÉRIEL

TITRE PREMIER

MITRAILLEUSE

CHAPITRE PREMIER.

DESCRIPTION ET NOMENCLATURE.

(Planches I, II et III.)

1. La mitrailleuse comprend les pièces et groupes de pièces ci-après :

1° *Canon, radiateur, boîte de culasse;*

2° *Appareil moteur;*

3° *Tringle;*

4° *Culasse mobile et verrou de fermeture;*

5° *Détentes et appareil de réglage de la vitesse du tir;*

6° *Mécanisme de distribution.*

ARTICLE PREMIER.

Canon, Radiateur, Boîte de culasse.

2. Le *canon* est à parois très épaisses, son âme est pourvue d'une rayure spéciale.

Il est relié à la boîte de culasse par un filetage, qui est orienté par un arrêt fixé au plan incliné du tonnerre, et maintenu à cette position par un *levier à excentrique*. La position d'arrêt du levier est déterminée par un pointeau.

Le canon porte, sur un point de sa longueur, un *canal de prise de gaz* aboutissant au fond des rayures. Un *six-pans* placé près de la bouche permet de le démonter au moyen d'une clef spéciale.

Un *filetage* placé entre le six-pans et la bouche est destiné à recevoir la bague de tir à blanc.

3. Le *radiateur* en bronze d'aluminium entoure le canon et supporte l'appareil moteur; il est fixé à la boîte de culasse à l'aide d'un *boulon arrêtoir* portant un *écrou fendu*.

Le radiateur porte les *tourillons*, le *guidon à rabattement*, la *bague écrou*, le *manchon de chambre à gaz* et le *couloir d'alimentation*.

La partie inférieure du radiateur enveloppe le mécanisme de distribution. Elle présente un *couvercle* démontable maintenu par deux brides évidées, l'une antérieure fixée au radiateur, l'autre postérieure fixée à la boîte de culasse.

La fermeture des brides est assurée par des moraillons à ressort.

4. La *boîte de culasse* contient les pièces constituant le système de fermeture ou culasse mobile proprement dite, ainsi qu'une portion de sa commande (*crémaillère et pignon manivelle*); elle renferme en outre l'*élévateur* du mécanisme de distribution.

La boîte de culasse est organisée de manière à assurer le guidage de ces diverses pièces. Sur le côté droit est disposé un *couvercle mobile à charnière*, permettant de visiter, d'enlever et de placer à la main les différents organes contenus dans la boîte de culasse.

La boîte de culasse porte à l'arrière une *poignée* en bronze, rapportée et fixée par des tenons en forme de T.

Sur le côté gauche, se trouvent le *levier d'armement* et le *volet à charnière* servant à recouvrir et à fixer le *verrou de fermeture*.

LÉGENDE

DES PLANCHES I, II ET III.

1. Canon.
2. Canal de prise de gaz.
3. Six pans et filetage.
4. Levier à excentrique de fixation du canon.
5. Radiateur.
6. Tourillons.
7. Couvercle de radiateur.
7 bis. Boulon arrêtoir de radiateur.
8. Guidon à rabattement.
9. Boîte de culasse.
10. Crémaillère.
11. Pignon-manivelle.
12. Couvercle mobile à charnière.
13. Poignée en bronze.
14. Levier d'armement.
15. Volet à charnière.
16. Pêne de couvercle.
17. Pied de hausse.
18. Ejecteur.
19. Axe d'élévateur.
20. Appui du levier de butée d'élévateur.
21. Chape d'attache.
22. Piston moteur.
23. Manchon de chambre à gaz.
24. Bague-écrou de manchon de chambre à gaz.
25. Grain de bague-écrou.
26. Bouchon de chambre à gaz.
27. Régulateur d'échappement.
28. Ressort récupérateur.
29. Tringle.
30. Ressort amortisseur.
31. Culasse mobile.
32. Galet de culasse mobile.
33. Crochet de culasse mobile.
34. Echancrure de culasse mobile.
35. Levier de percuteur.
36. Percuteur.
37. Ressort de percussion.
38. Gâchette.
39. Extracteur.
40. Tracteur.
41. Verrou de fermeture.
42. Doigt du verrou.
43. Branche de fermeture.
44. Branche de percussion.
45. Détente fixe.
46. Axe de détente.
47. Pièce de sûreté.
48. Détente mobile.
49. Crochet de détente mobile.
50. Appareil de réglage de la vitesse du tir.
51. Bouton de tir rapide.
52. Levier de réglage de la vitesse du tir.
53. Doigt de distribution.

8

54. Barillet.
55. Douille de barillet.
56. Manchon de barillet.
57. Rochet d'arrêt.
58. Poussoir de manchon de barillet (à gauche)
59. Tenon de rochet d'arrêt (à droite).
60. Couloir d'alimentation.
61. Elévateur.
62. Bande chargeur.
63. Nervures.
64. Griffes.

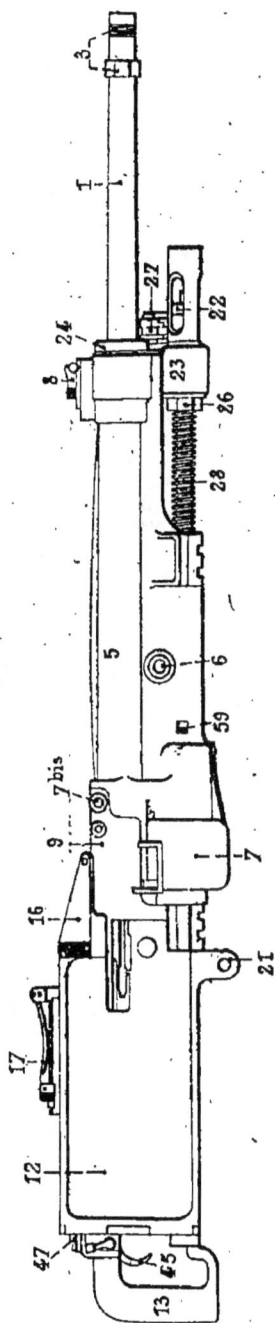

PL. I.—Mitrailleuse M^le 1907.
Vue d'ensemble. (Face droite).

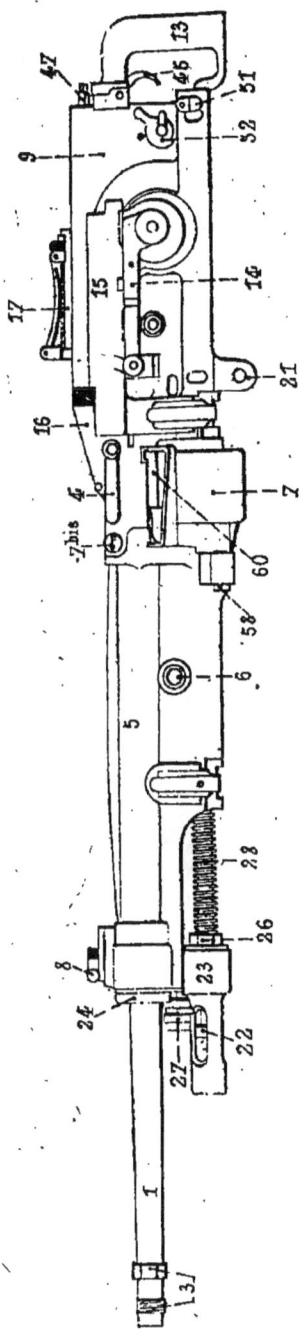

PL. II. — Mitrailleuse M.^{le} 1907.

Vue d'ensemble. (Face gauche).

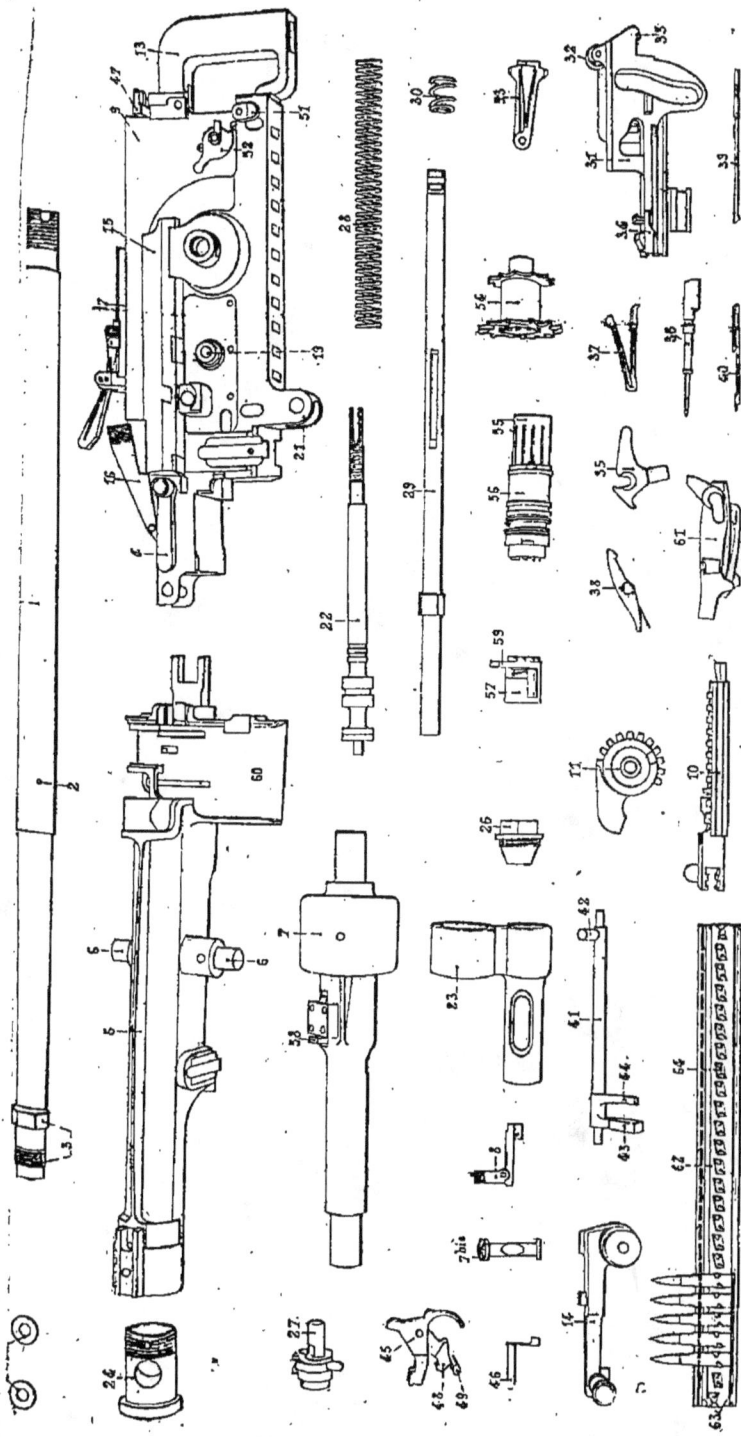

PL. III.— Mitrailleuse Mle 1907.
Mitrailleuse démontée

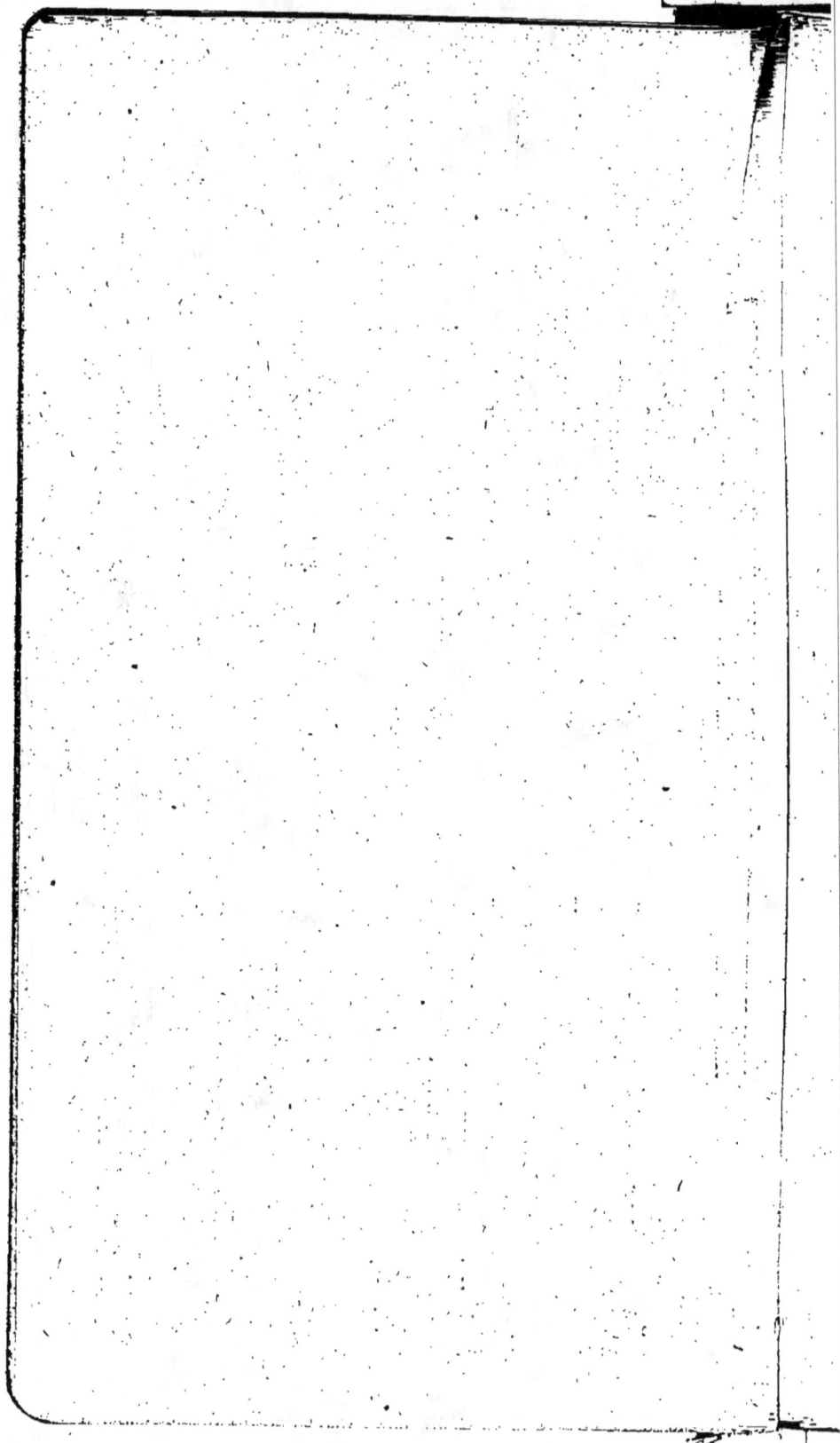

Le couvercle et le volet sont maintenus fermés par le *pêne de couvercle.*

Le *pied de hausse,* de modèle spécial, est fixé sur la face supérieure.

L'*éjecteur,* l'*axe d'élévateur* et l'*appui du levier de butée d'élévateur* sont rapportés sur la boîte de culasse.

A l'avant et très rapprochée du tonnerre, est pratiquée la mortaise de la branche antérieure du verrou de fermeture : l'orifice d'introduction des cartouches est ménagé au-dessous du tonnerre.

Enfin, à la partie inférieure de la boîte de culasse est placée la *chape d'attache* de la vis de pointage portant la noix et son tourillon.

La boîte de culasse porte, à sa partie inférieure et sur les côtés, un certain nombre d'ouvertures destinées à faciliter l'évacuation, pendant le tir, des produits non brûlés.

ART. 2.

Appareil moteur.

5. L'*appareil moteur* est actionné par les gaz de la poudre s'échappant du canon par l'orifice de prise de gaz; il est poussé ainsi en avant en comprimant un *ressort récupérateur* qui réagit ensuite.

Il en résulte un mouvement longitudinal de va-et-vient déterminant le fonctionnement automatique de l'arme.

L'appareil moteur comprend les parties désignées ci-après, savoir :

6. Le *piston moteur* qui porte à l'arrière un filetage fendu permettant de le visser sur la tringle, et à l'avant un corps formant cloison mobile. La partie antérieure du corps porte sur son pourtour un trait de repère qui doit toujours être maintenu en coïncidence avec un trait placé sur le bord de la fenêtre de gauche de la chambre à gaz, et sur sa tranche antérieure quatre trous destinés au vissage et au dévissage du piston moteur.

7. Le *manchon de chambre à gaz* engagé dans l'avant du radiateur et portant la chambre à gaz. Entre le manchon et la chambre se trouve, à l'avant, le *régulateur d'échappement* portant des divisions de 0 à 8 qui peuvent se déplacer vis-à-vis d'un trait de repère tracé sur la bague de l'appareil.

8. La *bague-écrou* du manchon qui sert à maintenir le manchon de chambre à gaz sur le radiateur; elle est assemblée avec ce dernier par un filetage et arrêtée par une vis pointeau placée sous le pied de guidon.

L'ensemble « radiateur, bague et manchon » est percé, de haut en bas jusqu'à l'intérieur de la chambre à gaz, d'un trou traversant le pied de guidon et le ressort de guidon. Ce trou qui, à la partie inférieure, sert au passage des gaz dans leur trajet depuis l'orifice du canon jusqu'à l'intérieur de la chambre, a été prolongé vers le haut de façon à rendre facile le nettoyage tant pour l'orifice du canon, après dévissage de 180° de celui-ci, que pour le canal d'amenée.

La bague-écrou porte, diamétralement opposés, *deux grains* mobiles destinés à assurer l'étanchéité des joints entre le canon et la bague d'une part et de l'autre entre la bague et le manchon. Elle porte un trait de repère destiné à orienter sa position par rapport au manchon.

9. Le *bouchon de chambre à gaz*, vissé dans celle-ci, et à travers lequel passe la tête du piston.

10. Le *ressort récupérateur*, entourant la tringle et la tige du piston et prenant appui à l'avant sur le bouchon de chambre à gaz, à l'arrière sur l'embase du talon et de la tringle.

ART. 3.

Tringle.

11. La *tringle* est en partie recouverte par le couvercle du radiateur; elle transmet à la culasse mobile de l'arme le mouvement déterminé par l'appareil moteur.

Cette tringle est reliée, à l'avant, à la tige du piston moteur et, à l'arrière, à la crémaillère; elle traverse, de ce côté, le *ressort amortisseur* placé entre le radiateur et son couvercle.

En regard de son talon, ménagé à la partie antérieure, est disposée la butée de tringle.

Au milieu de la partie postérieure de la tringle est pratiquée une mortaise servant de logement aux doigts qui actionnent le mécanisme de distribution des cartouches.

ART. 4.

Culasse mobile et verrou de fermeture.

12. *Culasse mobile*. La culasse mobile prend la cartouche sur la bande, l'introduit dans la chambre, sert d'appui au culot au moment de la percussion et produit l'extraction de l'étui.

Le mouvement de va-et-vient lui est transmis par la tringle, et, en sens contraire, par l'intermédiaire du pignon manivelle, dont le galet est engagé dans une rainure en forme d'S.

C'est sur le tourillon du pignon manivelle qu'est monté le levier d'armement placé sur le côté gauche à l'extérieur de la boîte de culasse.

Le guidage de la culasse mobile est assuré par des nervures s'engageant dans les rainures ménagées à l'intérieur de la boîte de culasse et par les portées de la face intérieure du couvercle. A sa partie supérieure, la culasse mobile porte un *galet*, destiné à réduire le frottement qui se développe contre la face supérieure de la boîte de culasse pendant l'armement du percuteur. A l'arrière, elle présente un *crochet* qui la met en prise avec le bec de détente.

Enfin, à la partie supérieure avant, elle porte une *échancrure*, qui sert de logement à la branche antérieure du verrou de fermeture, et un tenon qui s'appuie contre cette branche.

La culasse mobile porte le *levier de percuteur*, le *percuteur*, le *ressort de percussion*, la *gâchette*, l'*extracteur* et le *tracteur* servant à amener les cartouches dans l'élévateur.

13. *Verrou de fermeture.* Le verrou de fermeture est monté sur le côté gauche de la boîte de culasse; il sert d'appui à la culasse mobile au moment du départ du coup et produit la mise de feu quand la fermeture est assurée.

Ce verrou présente, à l'arrière, un *doigt cylindrique* engagé dans la came à rainure du pignon manivelle, et à l'avant, deux branches dont l'une, la *branche antérieure* ou de *fermeture*, logée dans une mortaise de la boîte de culasse, sert d'appui au tenon de la culasse mobile et dont l'autre, la *branche postérieure* ou de *percussion*, agit sur la gâchette quand la fermeture est complète.

ART. 5.

Détentes et appareil de réglage de la vitesse du tir.

14. La *détente fixe* est portée par la poignée en bronze de la culasse; elle est maintenue par un *axe de détente* muni d'une béquille à ressort; à l'intérieur de la poignée en bronze se trouve un *ressort de détente*.

Une *pièce de sûreté*, fixée sur la boîte de culasse, au-dessus de la poignée, permet d'immobiliser la détente.

15. La *détente mobile* est placée à l'intérieur de la détente fixe où elle est maintenue par une goupille; elle porte un ergot qui s'engage dans une rainure de la boîte de culasse et un *crochet de détente mobile* qui la relie à l'appareil de réglage de la vitesse du tir.

16. *L'appareil de réglage de la vitesse du tir*, disposé à l'intérieur et contre la paroi postérieure de la boîte de culasse, est traversé par une tige dont l'extrémité supérieure, en forme de T, s'engage dans le crochet de détente mobile et dont l'extrémité inférieure, formant talon, peut glisser sur une rampe portée par l'extrémité arrière de la crémaillère. *Cet appareil ne doit jamais être démonté.*

Au-dessous de l'appareil de réglage et pouvant coulisser transversalement, se trouve le *levier de débrayage*, sur lequel est monté extérieurement le *bouton de tir rapide*. Au-dessus de ce bouton, se trouve le *levier de réglage de la vitesse du tir.*

ART. 6.

Mécanisme de distribution.

17. Le *mécanisme de distribution* est chargé d'amener successivement les cartouches en regard du tracteur de la culasse mobile, où elles sont saisies au bourrelet et extraites une à une de la bande métallique qui les porte. Le tracteur les conduit dans l'élévateur où elles reçoivent la direction convenable pour que, dans son mouvement en avant, la culasse mobile les pousse dans la chambre.

Le mécanisme de distribution comprend :

18. Les *deux doigts*, logés dans la mortaise de la tringle avec leur ressort d'écartement.

19. Le *barillet*, muni d'ailettes, qui est monté sur la *douille de barillet* par l'intermédiaire d'un *manchon* à tenons avec ressort et bague d'appui. La paroi intérieure de la douille de barillet présente des rainures courbes dans lesquelles sont engagés les tenons des doigts.

Sur l'un des flancs de chaque rainure est pratiqué un plan incliné permettant aux tenons des doigts de passer d'une rainure en l'autre en franchissant la cloison qui les sépare.

La tranche antérieure de la douille de barillet forme un rochet à dents de scie engrenant avec celles du rochet d'arrêt.

Le *rochet d'arrêt* comprend le rochet proprement dit et sa douille, entre lesquels est interposé un ressort à boudin; ces deux pièces sont réunies par un emmanchement à baïonnette.

Le barillet, la douille de barillet et le rochet d'arrêt sont montés sur la partie postérieure de la tringle.

Le rochet d'arrêt, qui ne peut pas tourner autour de son axe, empêche le mouvement de rotation rétrograde du barillet, sans s'opposer à la rotation du barillet dans le sens normal, en raison du glissement des dents des deux rochets les unes sur les autres. Le rochet est ramené contre le barillet par l'action de son ressort; il porte un *tenon* extérieur, à droite du radiateur, qui permet de débrayer les deux rochets.

Un *poussoir*, porté par le côté gauche du couvercle du radiateur, permet de séparer le manchon à tenons du barillet et de rendre ainsi ce dernier fou sur la douille.

En arrière du tenon de droite, il a été pratiqué une mortaise débouchant dans le couloir de distribution, et permettant d'extraire, à l'aide du tournevis, une cartouche restée sur la bande, en cas d'enrayage de l'arme résultant d'un fonctionnement défectueux du tracteur.

Cette mortaise est destinée, en outre, à laisser échapper une balle qui viendrait à se séparer de l'étui au moment où le tracteur commence à agir.

Enfin, au mécanisme de distribution, faisant corps avec le radiateur, se rattache le *couloir d'alimentation* au fond duquel est placée la butée fixant la position de la cartouche en face de l'orifice d'introduction.

Les ailettes du barillet émergent au-dessus de la face inférieure du couloir et viennent engrener avec les cartouches de la bande, à la manière des dents d'une crémaillère.

Une petite fraisure sphérique, pratiquée sur le radiateur en avant de la sortie du couloir de distribution et au-dessus du passage des ailettes, permet, en cas de besoin, de donner à la main un léger mouvement de rotation au barillet en agissant directement sur une de ses ailettes.

Sur le côté droit du couloir d'alimentation, et en arrière, est disposé le *poussoir du tracteur* destiné à assurer un contre-appui au tracteur au moment où la cartouche est retirée de la bande.

Sur le côté gauche du couloir, on a disposé un guide le long duquel glisse la nervure de la bande-chargeur. Ce dispositif a pour objet d'assurer, d'une façon parfaite, la direction de la bande dans son mouvement d'entraînement en s'opposant à tout déplacement latéral susceptible de faire sortir une ou plusieurs cartouches des griffes de la bande.

20. L'*élévateur* est placé dans l'intérieur de la boîte de culasse et peut prendre, par rotation autour de son tourillon, deux positions nettement définies et assurées par un levier de butée auquel est appliqué un ressort.

Dans la première position, l'élévateur est placé en regard de l'orifice d'introduction pour recevoir la cartouche transportée par le tracteur; dans la deuxième, il est dirigé vers la chambre pour guider la cartouche pendant son introduction.

21. La *bande-chargeur de Puteaux* (Pl. III) (1) se compose d'une lame d'acier au nickel portant *deux nervures* assurant sa rigidité; l'une de ces nervures, placée au bord de la bande, sert d'arrêt au bourrelet des étuis.

Sur la lame sont rapportées des *griffes* formant ressort, disposées sur deux rangs. Ces griffes servent à maintenir les cartouches; leur écartement est tel que les bourrelets sont en contact.

Chaque bande-chargeur peut recevoir vingt-cinq cartouches.

CHAPITRE II.

FONCTIONNEMENT DE L'ARME.

(En supposant l'appareil de réglage de la vitesse débrayé, le bouton de tir rapide étant tiré à fond vers la gauche.)

ARTICLE 7.

Fonctionnement pendant l'armé.

22. La bande-chargeur garnie de cartouches ayant été introduite dans le couloir, l'opération de l'armé, faite au moyen du levier d'armement, détermine les mouvements suivants :

23. *Ouverture de la culasse mobile.* — Cette ouverture est produite par le galet du pignon manivelle, qui, en roulant dans la rainure en forme d'S, ramène la culasse mobile vers l'arrière.

24. *Bandé du ressort de percussion.* — Ce bandé est également obtenu au moyen du galet précédent, qui, rencontrant dans son déplacement le levier de percuteur, le soulève jusqu'à ce que le bec de gâchette se mette en prise avec le talon du levier.

---

(1) La bande-chargeur de Puteaux, à griffes rapportées, sera remplacée progressivement dans les approvisionnements par une bande-chargeur d'une seule pièce, dite bande de Saint-Etienne, ne pesant que 115 grammes, au lieu de 140 grammes.

25. *Accrochage de la culasse mobile.* — Cette opération s'effectue à la fin du mouvement d'ouverture de la culasse mobile, quand le bec de la détente est en prise avec le crochet de la culasse.

26. *Transport de la première cartouche dans l'élévateur.* — Ce transport est assuré par le tracteur, tirant vers l'arrière la première cartouche par son bourrelet.

Cette opération se produit pendant la première partie du mouvement d'ouverture de la culasse.

La cartouche étant introduite dans l'élévateur, celui-ci est ensuite soulevé progressivement, pendant le mouvement en avant de la crémaillère, par l'action de la saillie demi-circulaire portée par la partie antérieure de cette crémaillère sur la came de l'élévateur, jusqu'à ce que la cartouche soit placée dans la direction de la chambre.

La course ascensionnelle de l'élévateur est limitée par un bossage porté par sa face gauche, bossage qui est logé dans une mortaise appropriée pratiquée dans la boîte de culasse, et qui vient buter contre la tranche supérieure de la mortaise; l'élévateur est assuré dans cette position par la fixation du levier d'élévateur sur son appui.

27. *Changement de la rainure de la douille du barillet.* — Dans le mouvement vers l'avant de la tringle, les tenons des doigts rencontrent chacun un plan incliné, montent sur la cloison qui lui succède et retombent, en fin de course, dans la rainure suivante.

28. *Bandé du ressort récupérateur.* — Ce bandé est déterminé par l'intermédiaire de la tringle poussée en avant.

ART. 8.

Fonctionnement automatique proprement dit.

§ 1er. — Fonctionnement pendant la fermeture de la culasse jusqu'au départ du coup.

29. La mitrailleuse étant armée comme il est expliqué ci-dessus, et le tireur appuyant le doigt sur la détente, le mécanisme fonctionne ainsi qu'il suit :

En pressant sur la détente, la culasse mobile est décrochée et se porte en avant sous l'action du ressort récupérateur. Ce ressort, qui prend appui sur la tranche arrière du bouchon de chambre à gaz, pousse vers l'arrière, en se détendant, la tringle et, avec elle, le piston moteur et la crémaillère.

La crémaillère, dans ce mouvement, détermine la rotation de gauche à droite du pignon manivelle dont le galet actionne la culasse mobile.

Au cours du recul de la tringle, les doigts pénètrent dans les rainures diamétralement opposées qui leur correspondent et forcent le barillet à tourner d'une division pour amener une nouvelle cartouche en regard de l'orifice d'introduction. Ce mouvement de rotation du barillet résulte de l'inclinaison donnée aux rainures qui obligent la douille à tourner, les doigts ne pouvant se déplacer que suivant un plan.

Dans son mouvement en avant, la culasse mobile rencontre par sa tranche antérieure la cartouche déposée dans l'élévateur et placée en regard de la chambre; elle pousse cette cartouche dans la chambre et cesse d'avancer quand le galet arrive à la naissance de la partie circulaire de l'S de la rainure qui se trouve alors concentrique à l'axe de rotation du pignon-manivelle.

A ce moment, la came à rainure, portée par le moyeu du pignon-manivelle détermine l'abaissement des deux branches du verrou de fermeture; la branche de fermeture se loge dans l'échancrure de la culasse mobile et lui sert de point d'appui au moment du tir.

Quand le verrou de fermeture est sur le point d'être complètement abaissé, la branche postérieure appuie sur l'extrémité de la gâchette, libère le levier de percuteur et provoque le lancé du percuteur poussé brusquement contre l'amorce par le ressort de percussion et par l'intermédiaire du levier de percuteur.

Il convient de remarquer que le départ du coup ne peut avoir lieu que lorsque la fermeture est complètement assurée, le verrou de fermeture déterminant seule le départ du percuteur.

Enfin, la culasse mobile, dans son mouvement en avant et après que la cartouche a commencé à être introduite dans la chambre, force, par le plan incliné ménagé à cet effet, l'élévateur à s'abaisser.

La position de l'élévateur, en regard de l'orifice d'introduction, est alors assurée par l'appui de la nervure-guide inférieure arrière de la culasse mobile contre la came d'appui de l'élévateur.

§ 2. — Fonctionnement à partir du moment où le premier coup est parti.

30. Au départ du coup, et dès que la balle a démasqué l'orifice de prise des gaz, ceux-ci par le canal d'amenée pénètrent dans la chambre à gaz et agissent sur la tranche

du corps du piston moteur. Celui-ci, qui forme le fond mobile de la chambre, est poussé en avant, entraînant la tringle et comprimant le ressort récupérateur.

Les différents mouvements du mécanisme détaillés ci-dessus, aux articles 1 et 2, continuent à se produire et à se succéder automatiquement sous l'action des gaz de la poudre. Le doigt du tireur ne cessant pas d'être appliqué sur la détente, la culasse mobile, sous l'action du ressort récupérateur, est ramenée en avant, introduisant dans la chambre une nouvelle cartouche, et ainsi de suite, tant que la bande n'est pas épuisée ou que le tireur ne lâche pas la détente.

31. Pendant cette succession ininterrompue d'opérations, toutes les rainures de la douille du barillet viennent défiler successivement sur les tenons des doigts. Le mouvement de rotation du barillet est tout à fait analogue à celui qui est produit sur une roue par un cliquet animé d'un mouvement de va-et-vient. Dans un sens, le cliquet glisse pour passer d'une rainure à la suivante; dans l'autre sens, il fait faire à la roue une rotation partielle correspondant à l'intervalle de deux rainures.

ART. 9.

Fonctionnement de l'appareil de réglage de la vitesse du tir.

32. L'appareil de réglage de la vitesse du tir est actionné par le plan incliné du ressort logé dans l'évidement postérieur de la crémaillère.

Quand l'appareil est embrayé, c'est-à-dire quand le bouton de tir rapide est poussé à fond contre la paroi de la boîte de culasse, ce plan incliné se trouve en regard du levier de débrayage commandé par ce bouton et l'on réalise le tir automatique à vitesse réglée.

Au contraire, si le bouton de tir rapide est éloigné de la paroi de la boîte (position de débrayage), le plan incliné de la crémaillère n'a aucune action sur le levier et le tir s'effectue automatiquement à vitesse rapide.

33. Les vitesses réglées sont obtenues au moyen du levier de l'appareil de réglage, en le faisant tourner du nombre de divisions indiqué sur son tambour gradué, le bouton de tir rapide étant poussé à fond. Un dispositif permet d'éviter les déplacements du levier de réglage pendant le tir.

Les vitesses minima et maxima correspondent aux positions extrêmes du levier, la vitesse minima étant obtenue quand ce levier est ramené complètement vers le tireur.

34. Le tir rapide est donné en tirant complètement vers l'extérieur le bouton de tir rapide.

ART. 10.

Emploi du régulateur d'échappement.

35. Dans le tir de la mitrailleuse modèle 1907, on peut constater que la poussée augmente rapidement au tir et à mesure que l'arme s'échauffe.

Le règlement d'échappement est destiné à ramener, en cours de tir, la poussée à une valeur telle qu'il n'y ait pas à craindre de ruptures de pièces, conséquence d'une poussée exagérée.

La présence de ce régulateur permet, à un moment donné, de dériver une partie des gaz moteurs avant leur admission dans la chambre et par suite de diminuer leur action sur le piston.

Le corps du régulateur tourne autour d'un axe parallèle à l'axe du canon et démasque plus ou moins un canal de dérivation branché sur le canal d'amenée. Il porte quatre traits marqués 0, 2, 4, 8.

Au moyen du levier spécial (caisse n° 2), et en agissant sur la saillie portée par la tête du régulateur (côté gauche de l'arme), on fait tourner dans un sens ou dans l'autre le corps du régulateur. On produit ainsi dans la chambre soit une augmentation, soit une diminution dans l'admission des gaz venant de l'orifice percé dans le canon.

La dérivation est nulle et l'admission complète lorsque la division O du corps de régulateur se trouve en regard du trait de repère porté par la bague de l'appareil. La correspondance de ce trait avec la division 8 donne le maximum de dérivation et le minimum d'admission.

La valeur de la poussée s'apprécie au moyen de la distance à laquelle les étuis éjectés tombent sur le sol. L'arme étant disposée sur l'affût trépied, cette distance mesurée horizontalement à partir de la mitrailleuse ne doit pas excéder 1 m. 80 à 2 mètres. Sa valeur minima ne doit pas rester au-dessous de 1 mètre.

CHAPITRE III.

DÉMONTAGE ET REMONTAGE DE L'ARME.

L'ordre indiqué ci-dessous est celui dans lequel doit se faire le démontage complet; cependant, le démontage de certaines pièces peut se faire directement.

ARTICLE 11.

Démontage d'ensemble.

---

§ 1. — Ouvrir la boîte de culasse.

36. Relever le pêne du couvercle, en le saisissant par le quadrillage.
Ouvrir le couvercle en tirant par le bouton.

§ 2. — Retirer la culasse mobile.

37. Ramener la culasse mobile vers l'arrière à l'aide du levier d'armement, jusqu'à l'accrochage avec la détente.
Saisir la culasse avec la main droite et la retirer transversalement de la boîte de culasse, en maintenant le levier d'armement avec la main gauche.

§ 3. — Démonter le piston moteur
et le ressort récupérateur.

38. Dévisser le piston moteur avec la clef spéciale à cet effet, dont on engage la tête dans deux des trous pratiqués sur la tranche avant.
Retirer le piston moteur vers l'avant, en se servant au besoin des gants spéciaux.

39. Retirer le ressort récupérateur en le saisissant par sa partie antérieure et en le refoulant un peu vers l'arrière de façon à dégager vers le bas sa tête engagée dans son logement sur le bouchon de chambre à gaz.

40. On ne doit jamais démonter le piston moteur ni le ressort récupérateur avant d'avoir enlevé la culasse mobile et avant d'avoir vérifié qu'il n'est pas resté de cartouche dans la chambre.

§ 4. — Retirer l'élévateur.

41. Pour pouvoir retirer l'élévateur, il suffit que la culasse soit enlevée.
Amener l'élévateur à sa position inférieure, le saisir entre

le pouce et l'index de la main droite et le tirer à soi, en même temps qu'on le relève.

42. Pour remettre en place l'élévateur, présenter l'élévateur obliquement en engageant l'avant dans l'évidement de la boîte de culasse et l'axe d'élévateur dans l'évidement allongé, abaisser le levier pour l'accrocher et pousser ensuite l'élévateur sur son axe.

§ 5. — Retirer la crémaillère.

43. Pour pouvoir retirer la crémaillère, il suffit que le piston et le ressort récupérateur soient démontés.

Conduire la crémaillère vers l'avant de la boîte de culasse.

Saisir la crémaillère en appliquant l'extrémité des trois doigts (index, majeur et annulaire) dans la rainure spécialement aménagée pour les recevoir.

Tenir le pouce appliqué contre la paroi verticale et tirer à soi bien droit transversalement.

44. La crémaillère peut aussi être retirée sans démonter le piston ni le ressort récupérateur.

Pour cela, armer presque complètement la mitrailleuse, introduire un chasse-goupille dans le trou transversal pratiqué dans le radiateur un peu en avant des tourillons. Laisser la mitrailleuse se désarmer doucement jusqu'à ce que le talon de la tringle vienne reposer sur le chasse-goupille.

Retirer la crémaillère comme ci-dessus.

§ 6. — Retirer le levier d'armement et le pignon-manivelle.

45. Après l'avoir soulevé légèrement avec la main gauche, saisir le levier d'armement entre l'index de la main droite recourbé et l'extrémité du pouce appuyée sur le tenon extérieur du cliquet.

Presser sur le tenon, de manière à dégager le bec intérieur de la rainure, et tirer en même temps transversalement.

46. Le levier d'armement peut être retiré directement sans qu'il soit nécessaire de démonter aucune autre pièce.

47. Le levier d'armement étant enlevé, le pignon-manivelle, devenant libre, peut être retiré de son logement après avoir amené l'extrémité de la manivelle contre le fond de la boîte.

48. Pour pouvoir retirer le pignon-manivelle, il suffit que la culasse mobile, la crémaillère et le levier d'armement soient démontés.

§ 7. — Retirer le verrou de fermeture.

49. Ouvrir à fond le volet en le poussant par l'intérieur pour commencer le mouvement d'ouverture.

Appliquer le pouce et l'index de la main droite à l'extrémité de la branche de percussion.

Appliquer le pouce et l'index de la main gauche l'un au-dessus, l'autre au-dessous, sur le corps cylindrique, à 3 ou 4 centimètres en arrière de la branche de percussion.

Soulever au début la pièce verticalement jusqu'à ce que la branche de percussion touche le plafond de son logement. La tirer ensuite vers le haut et vers la gauche en la faisant tourner autour de son axe sans que la branche de percussion perde le contact avec le plafond de son logement, de manière que l'extrémité du doigt cylindrique franchisse le nœud de charnière sans le toucher.

50. Pour remonter le verrou, opérer en sens inverse en observant d'incliner la branche de fermeture à 45° environ pour l'engager dans la boîte de culasse. Maintenir l'appui de la branche de percussion contre le plafond de son logement. La rotation achevée et les tourillons arrivés au-dessus de leurs logements, laisser tomber le verrou à sa position.

51. La manœuvre de montage et de démontage du verrou de fermeture étant très importante devra être très familière aux servants; elle exige, d'ailleurs, une certaine habitude pour être faite sans hésitation et avec rapidité.

52. Pour pouvoir démonter ou remonter le verrou de fermeture, il n'est pas nécessaire d'enlever le pignon-manivelle.

§ 8. — Retirer les détentes.

53. Faire faire un demi-tour vers le bas à la béquille à ressort de l'axe, pour amener le tenon en regard de son logement.

Retirer l'axe.

Retirer l'ensemble des détentes par l'intérieur en poussant d'abord sur la queue fixe pour dégager le crochet du levier de détente mobile.

54. Pour remonter les détentes, tourner la queue de la

détente fixe vers le haut et introduire l'ergot de la détente mobile dans sa rainure pratiquée dans la boîte de culasse;

Faire tourner la queue de la détente fixe de droite à gauche jusqu'à ce que l'extrémité de la queue porte contre la partie extérieure de la boîte de culasse;

Soulever la détente, en faisant glisser de bas en haut le talon d'appui du ressort contre le plan incliné de la poignée, et en même temps appuyer légèrement sur le bec de la détente mobile pour le mettre en prise avec l'extrémité de la tige de l'appareil de réglage de la vitesse.

Introduire l'axe de détente.

55. Les détentes peuvent être retirées sans qu'il soit nécessaire de démonter aucune des autres pièces contenues dans la boîte de culasse.

§ 9. — Démonter la tringle munie du barillet du rochet d'arrêt.

56. Libérer la vis de pointage.

Retourner la mitrailleuse sens dessus dessous sur l'affût et la faire reposer ainsi retournée sur ses tourillons.

Ouvrir les deux brides, pour pouvoir retirer le couvercle de radiateur.

Enlever le couvercle.

Retirer la tringle munie du ressort amortisseur, du barillet et du rochet.

Dans le remontage, avoir soin que la goupille arrêtoir portée par le radiateur soit placée en arrière du ressort amortisseur et non entre deux spires de celui-ci.

57. Pour que le démontage précédent puisse s'effectuer, il faut que le piston moteur, le ressort récupérateur et la crémaillère soient démontés.

ART. 12.

Remontage d'ensemble.

58. Le remontage d'ensemble s'exécute dans l'ordre inverse de celui suivi pour le démontage d'ensemble.

ART. 13.

Démontages et remontages partiels.

---

§ 1. — Démonter les pièces portées par la culasse mobile.

59. L'opération du démontage des pièces portées par la culasse mobile doit être effectuée dans l'ordre suivant :

60. *Débander le ressort de percussion.* — A cet effet, agir à l'extrémité de la gâchette, soit directement avec la main, soit en frappant à petits coups pour échapper le bec.

61. *Enlever la gâchette.*

62. *Enlever le ressort de percussion.* — A cet effet, agir avec le pouce sur le sommet des branches, de manière à le mettre en travers sur la culasse et dégager les talons de la branche inférieure de leur encastrement.

63. *Enlever le percuteur.* — Mettre la culasse verticalement, la cuvette en l'air, pour laisser tomber le percuteur de lui-même.
Au cas où, en raison de l'encrassement, le percuteur ne sortirait pas facilement de son logement, agir sur le levier de percuteur.

64. *Enlever le levier de percuteur.* — Lui faire faire demi-tour et le retirer de son logement.

65. *Enlever l'extracteur.* — Placer la griffe dans son empreinte pratiquée sur la pièce de sûreté. Exercer une légère poussée transversale sur la culasse mobile, de manière à dégager les tenons de l'extracteur de leur logement, et en même temps, par une traction longitudinale, faire coulisser l'extracteur dans son logement.

66. *Enlever le tracteur.* — Buter le tracteur contre une pièce quelconque.
Soulever à l'aide du levier de percuteur le bec de la petite branche du tracteur pour le dégager.
Pousser en même temps la culasse mobile pour faire sortir le tracteur de son logement.

§ 2. — Remontage des pièces portées par la culasse mobile.

67. Le remontage des pièces portées par la culasse mobile se fait dans l'ordre inverse du démontage, mais il exige certaines précautions particulières qui sont indiquées ci-après :

68. *Monter le tracteur.* — Le tracteur doit être amené à fond dans son logement à la main ou en frappant très légèrement sur la partie postérieure.

69. *Monter l'extracteur.* — Enfoncer l'extracteur dans son logement jusqu'au contact du tenon avec la tranche antérieure de la glissière.

Soulever le bec, pour faire franchir le bord de la tranche, et pousser en même temps jusqu'à ce que les tenons soient tombés dans leur logement.

70. *Monter le levier de percuteur et le percuteur.* — Présenter le levier de percuteur dans la position qu'il occupe au moment de sa sortie et le rabattre.

Placer ensuite le percuteur en faisant tourner le levier de percuteur pour introduire la dent dans la mortaise du percuteur.

71. *Monter le ressort de percussion.* — Présenter obliquement le ressort de percussion sur la culasse mobile, la partie coudée en avant, et faire passer le bourrelet demi-circulaire de la branche supérieure sous le talon du levier de percuteur, en ayant soin que les tenons d'arrière de la branche inférieure du ressort ne tombent pas dans leurs mortaises.

Presser ensuite transversalement avec le pouce pour redresser et introduire le ressort dans son logement.

72. *Monter la gâchette.* — Présenter la gâchette sur son tourillon.

Appuyer sur l'extrémité de la branche qui porte le ressort pour soulever le bec et le faire passer au-dessus du levier de percuteur.

§ 3. — Démonter et remonter toutes les pièces de l'appareil moteur.

73. Le piston moteur et le ressort récupérateur enlevés comme il est dit au § 3 de l'article 1ᵉʳ :

Enlever le bouchon de chambre à gaz en le dévissant au

moyen de la clef du canon, du bouchon de chambre à gaz et du piston.

Chasser la goupille assemblant le pied de guidon avec son embase, repousser le pied de guidon vers l'arrière en frappant sur lui par l'intermédiaire d'un morceau de bois de manière à découvrir la tête de la vis-arrêtoir de la bague-écrou du manchon.

Dévisser cette vis de quelques filets.

Dévisser la bague-écrou du manchon à l'aide de la clef de bague-écrou et de boulon d'assemblage. Enlever la bague en évitant la chute des grains d'appui.

Retirer le manchon de chambre à gaz vers l'avant, et le dégager complètement. Pendant ce mouvement, le régulateur d'échappement devient libre; l'enlever aussitôt que son dégagement est possible.

Le démontage de la bague-écrou et du manchon de chambre à gaz ne doit se faire que lorsqu'il y a lieu de remplacer les grains d'appui du canon par suite de leur usure.

74. Le remontage se fait par les moyens inverses. Engager le régulateur d'échappement dans son logement sur le manchon pendant le montage de la bague-écrou. Visser cette dernière dans le radiateur jusqu'à établir la coïncidence des traits de repère tracés sur le pourtour de la tête de la bague-écrou et sur la partie supérieure du manchon visible en dehors du radiateur. Avoir soin de ne pas serrer à bloc le bouchon de chambre à gaz.

§ 4. — Démonter le barillet, la douille de barillet, la douille de débrayage, les doigts et le rochet d'arrêt.

75. Pour opérer ce démontage, il suffit d'exercer une traction longitudinale d'une part sur le barillet et d'autre part sur la douille, pour séparer les deux pièces.

Quand le barillet est enlevé, il est facile de séparer de la tringle les doigts et le rochet d'arrêt.

Pour séparer la douille du barillet de la douille de débrayage, sortir la bague d'appui en la faisant tourner, après compression du ressort, sur la douille de barillet à laquelle elle est reliée par un emmanchement à baïonnette; enlever ensuite le ressort et la douille de débrayage.

Pour séparer le rochet d'arrêt de son manchon, auquel il est réuni par un emmanchement à baïonnette, il suffit d'exercer une forte poussée sur le rochet afin de dégager ses tenons et de le faire tourner ensuite d'un quart de tour.

§ 5. — Démonter et remonter le canon.

76. Le démontage du canon s'opère de la manière suivante :

Introduire de l'huile par le trou de graissage traversant le ressort de pène, après avoir ouvert ce dernier.

Armer la culasse mobile.

Tourner de 180° vers l'avant l'excentrique d'orientation du canon en tirant vers le haut sa tête quadrillée et en dégageant son pointeau du logement pratiqué dans la boîte de culasse.

Dévisser le canon en se servant de la clef à canon appliquée sur le six-pans voisin de la bouche.

Retirer le canon.

Le remontage se fait de la même manière.

Le canon est orienté et en position lorsque la butée portée par le plan incliné du tonnerre vient heurter le fond de la rainure en hélice pratiquée sur le canon dans le voisinage de la tranche du tonnerre.

§ 6. — Démonter et remonter le radiateur.

77. Le démontage du radiateur ne doit être exécuté qu'exceptionnellement.

Enlever d'abord le canon, le piston moteur, le ressort récupérateur, tous les organes mobiles contenus dans la boîte de culasse, puis la tringle avec le ressort amortisseur et tout le système de distribution.

La mitrailleuse étant fixée sur l'affût, enlever le boulon d'assemblage. Maintenir la boîte de culasse contre le radiateur pendant qu'on libère la vis de pointage. Séparer la boîte de culasse du radiateur.

Dans le remontage, orienter convenablement le boulon arrêtoir.

CHAPITRE VI.

ENTRETIEN DE L'ARME.

ARTICLE 14.

Entretien proprement dit.

78. L'arme doit être tenue dans un parfait état d'entretien.

Après chaque tir, elle doit être nettoyée et graissée, en employant de préférence, à cet effet, de l'huile minérale de bonne qualité (valvoline ou oléonaphte).

L'emploi du pétrole facilite beaucoup le nettoyage des pièces très encrassées, mais il faut, après s'en être servi, essuyer avec soin avant graissage toutes les pièces passées au pétrole, qui pourraient sans cette précaution s'oxyder facilement.

Les pièces de l'appareil moteur, le bouchon et la chambre à gaz, pour leurs parties intérieures, et le piston pour toutes ses parties, doivent être tenues aussi peu graissées que possible sous peine de rendre nécessaire un nettoyage au moins sommaire après chaque tir. Dans le fonctionnement, il est préférable qu'aucune d'elles ne soit graissée, et tout graissage est interdit pendant le tir.

L'appareil moteur pouvant être maintenu sans nettoyage pendant le tir de plusieurs milliers de cartouches, il est utile pour la bonne conservation de l'arme de fixer à mille coups tirés, au moins, l'intervalle entre deux nettoyages complets et de n'y procéder, même dans ces conditions, que si la nécessité en est pleinement démontrée.

Le nettoyage des diverses parties de l'arme s'effectue dans les conditions suivantes :

§ 1. — Piston moteur.

79. Le nettoyage du piston moteur se fait au moyen de deux outils contenus dans la caisse d'outillage n° 2; la fraise pour le nettoyage de la tranche du piston et le porte-lame pour nettoyer le collet.

Engager la tige du piston dans le trou central de la fraise et enlever les crasses et dépôts de la tranche en faisant tourner le piston au moyen de sa clef de démontage.

Agir ensuite de même façon pour le collet avec porte-lame dont on fait saillir la lame lorsque l'appareil est en place sur le piston et en contact avec la tranche du piston.

Graisser ensuite légèrement si le tir ne doit pas être repris de suite.

§ 2. — Manchon de chambre à gaz.

80. Le nettoyage de la chambre à gaz se fait sans séparer du radiateur le manchon de chambre à gaz. Il suffit que le piston moteur et le bouchon de chambre à gaz soient enlevés.

81. L'outil employé est l'alésoir-fraise pour le nettoyage de la chambre à gaz (en deux pièces) contenu dans la caisse d'outillage n° 2.

Séparer les deux pièces de l'outil; introduire la partie emmanchée dans la chambre à gaz par l'avant en la faisant tourner sur elle-même de manière à enlever les crasses, jusqu'à ce qu'elle pénètre à fond dans la chambre. Adapter à l'extrémité postérieure de l'outil la deuxième fraise et le faire tourner en le retirant vers l'avant jusqu'à ce que la rainure circulaire de cette fraise touche la tranche postérieure de la chambre.

Enlever les crasses et débris tombés dans la chambre.

Graisser légèrement l'intérieur de la chambre si le tir ne doit pas reprendre immédiatement.

82. Le trou d'admission des gaz, qui traverse la bague-écrou et le manchon, se nettoie, le canon enlevé, à l'aide du foret de nettoyage (caisse n° 2).

Introduire cet outil verticalement par le trou qui traverse le ressort de pied de guidon et l'enfoncer à fond en le faisant tourner sur lui-même.

83. Si le régulateur d'échappement a tendance à se gripper, le laver en place au pétrole après avoir débarrassé le trou de dérivation des gaz (l'appareil placé à la division 8) au moyen de l'outil spécial.

Graisser ensuite légèrement après avoir essuyé le pétrole.

§ 3. — Bouchon de chambre à gaz.

84. Le bouchon de chambre à gaz se nettoie au moyen de deux outils : l'alésoir-fraise pour le nettoyage de l'alésage et de la tranche du bouchon de chambre à gaz et l'outil de nettoyage du profil.

Introduire par l'avant dans le bouchon l'alésoir-fraise en le faisant tourner de manière à enlever d'abord les crasses du trou de passage du piston et à nettoyer ensuite la tranche antérieure du bouchon. Se servir de même de l'outil de nettoyage du profil jusqu'à ce qu'il vienne buter contre la tranche nettoyée.

85. Pour ces opérations, maintenir le bouchon au moyen de sa clef de démontage.

Graisser légèrement le trou central et le profil si l'on ne doit pas reprendre de suite le tir. Ne pas bloquer le bouchon en le vissant sur la chambre.

§ 4. — Boîte de culasse.

86. Tous les organes contenus dans la boîte de culasse et cette boîte elle-même. doivent être débarrassés des grains de poudre non brûlés, qui s'accumulent pendant le tir, et des crasses déposées par les gaz.

A cet effet :

Enlever les organes mobiles contenus dans la boîte;

Nettoyer l'intérieur de cette boîte, avec un chiffon et une curette, en employant au besoin du pétrole, si l'encrassement est considérable;

Huiler légèrement toutes les parties de la boîte, après nettoyage du canon et avant remontage des organes mobiles.

§ 5. — Canon.

87. Avant de procéder au nettoyage du canon, il faut d'abord enlever tous les organes mobiles contenus dans la boîte de culasse.

Ouvrir l'excentrique d'orientation et tourner le canon de 180° autour de son axe, après avoir ouvert la culasse mobile.

Introduire ensuite le foret à canon (caisse n° 2) dans le trou de passage des gaz dans le canon, qui se présente au centre du trou de nettoyage traversant le ressort de pied de guidon. Pousser l'outil à fond en le faisant tourner afin de dégager le trou d'admission des crasses qui pourraient l'obstruer.

Cette opération achevée, laisser le canon dans la même position pour le nettoyage et le graissage de l'âme.

Le nettoyage et le graissage de l'âme s'exécutent suivant les procédés réglementaires pour les armes portatives et en employant la brosse d'écouvillon, le lavoir et la hampe contenus dans la caisse aux accessoires n° 2.

La tranche postérieure du tonnerre et la chambre doivent être sérieusement débarrassées de tout encrassement.

Pour débarrasser la tranche du canon, se servir d'une curette en bois; pour la chambre, employer le dégorgeoir contenu dans la caisse n° 2 (1).

---

(1) Lorsque le canon est encuivré à la suite du tir de la balle modèle 1898 dans l'arme très échauffée, il y a lieu de prolonger l'emploi de l'écouvillon et du pétrole de manière à faire disparaître de l'âme toute trace de dépôt métallique.

On peut aussi, lorsque les circonstances permettent d'exécuter un tir à balle, obtenir le désencuivrage en tirant lentement quelques bandes dans le canon préalablement refroidi (2 à 5 bandes suffisent généralement).

88. Après nettoyage du canon et avant remontage de l'arme, on doit toujours s'assurer, en plaçant la fausse cartouche (caisse n° 2) dans la chambre, que celle-ci est parfaitement nettoyée.

La fausse cartouche doit pouvoir être introduite à fond et retirée à la main sans aucune difficulté.

Cette vérification se fait plus facilement sur le canon enlevé.

§ 6. — Culasse mobile et organes mobiles contenus dans la boîte de culasse.

89. Démonter toutes les pièces.

Les débarrasser des dépôts de crasses avec des chiffons, des curettes en bois, et, si ces dépôts sont très adhérents, les laver au pétrole.

Nettoyer avec soin la cuvette de la tête mobile avec une des deux curettes spéciales qui se trouvent dans la caisse d'outillage n° 2.

Nettoyer à fond le logement du percuteur, en employant le dégorgeoir spécial et l'écouvillon pour logement du percuteur (caisse n° 2).

90. Le graissage des diverses pièces doit être assez modéré; cependant, il y a lieu de mettre quelques gouttes d'huile, avant remontage et après remontage, sur toutes les pièces soumises à des frottements et en particulier aux points suivants : rainures et nervures de guidage de la culasse mobile, galet de culasse, axes de gâchette et de levier d'élévateur, branches et corps du verrou, came, denture et galet du pignon-manivelle, tourillon d'élévateur, crémaillère.

91. *Le percuteur et son logement doivent toujours être tenus très peu graissés.*

§ 7. — Détentes.

92. Plonger l'ensemble des détentes dans un bain de pétrole, les essuyer et les graisser ensuite légèrement.

§ 8. — Tringle et mécanisme de distribution.

93. Démonter la tringle, le ressort amortisseur et tous les organes du mécanisme de distribution, barillet, douille de barillet, doigts et rochet d'arrêt.

Les nettoyer à fond et les graisser abondamment, surtout les rainures de la douille et les doigts avant de les remonter.

§. 9. — Appareil de réglage de la vitesse du tir.

94. Le corps de frein de cet appareil ne doit en aucun cas être démonté dans les corps de troupe; s'il est nécessaire d'y introduire de la valvoline, cette opération doit être faite en présence d'un officier.

A cet effet :

Pousser le levier de réglage vers l'avant;

Ouvrir la boîte de culasse et dévisser, de deux tours environ, la vis d'échappement d'air qui se trouve à la partie supérieure de l'appareil;

Dévisser et enlever la vis-bouchon de remplissage située à mi-hauteur de l'appareil;

Introduire la valvoline au moyen du remplisseur pris dans la caisse n° 1; dans ce but, tenir l'appareil bien droit et appuyer fortement sur le piston jusqu'à ce que l'on voie le fluide s'échapper par le trou d'air;

Remettre la vis-bouchon en place, la serrer et revisser la vis du trou d'air;

Avant de remettre la vis-bouchon, l'essuyer avec soin, de manière à n'introduire aucun corps étranger dans l'intérieur de l'appareil.

ART. 15.

Refroidissement à l'eau de la mitrailleuse après le tir.

95. Le procédé indiqué ci-dessous permet de refroidir très rapidement la mitrailleuse. Il y a tout avantage à l'employer, quand on ne dispose pas du temps nécessaire pour laisser l'arme se refroidir naturellement.

96. Ouvrir et accrocher la culasse mobile.

Dévisser le canon d'un demi-tour, comme pour l'opération du nettoyage de la prise de gaz.

Introduire par le trou d'éjection des étuis le bec de l'entonnoir dans la chambre, sans ouvrir le couvercle mobile à charnière.

Libérer la culasse mobile et la laisser revenir doucement en avant, jusqu'à ce que le fond de la cuvette vienne s'appliquer sur l'entonnoir pour le maintenir.

Incliner l'arme vers l'avant, la culasse mobile en haut, le couvercle du radiateur en contact avec le support pivotant.

La mitrailleuse étant maintenue dans cette position, faire couler l'eau dans l'entonnoir assez doucement au début, afin d'éviter les projections d'eau produites par les jets de vapeur qui se forment instantanément à l'entrée de la chambre et à l'orifice de prise de gaz.

Arrêter le refroidissement quand l'eau s'échappe librement du canon de la mitrailleuse.

97. Si le tir ne doit pas continuer immédiatement après le refroidissement, on doit toujours graisser l'intérieur du canon ainsi que l'intérieur de l'appareil moteur pour empêcher l'oxydation.

Pour graisser l'intérieur de l'appareil moteur, démonter le piston, le ressort récupérateur et le bouchon de chambre à gaz.

Avant de les remonter, enlever le canon, nettoyer et graisser très légèrement le canal de passage des gaz à travers les grains d'appui et le manchon de chambre à gaz. Nettoyer et graisser de même le trou d'évent dans le canon.

Éviter avec le plus grand soin de faire tomber de l'eau dans l'intérieur de la boîte de culasse.

Éviter aussi de mouiller l'extérieur du radiateur tant que le canon n'a pas été refroidi.

ART. 16.

Remplacer le canon.

98. La mitrailleuse étant fixée sur son trépied, ouvrir la culasse mobile, dégager le levier à excentrique de fixation du canon et démonter le canon en se conformant aux prescriptions du n° 76.

Mettre en place le canon de rechange.

ART. 17.

Emploi du vérificateur (rebut) de feuillure.

99. Pour vérifier la feuillure de la culasse mobile, démonter la culasse mobile, l'élévateur et le pignon-manivelle.

Retirer de la culasse la gâchette, son ressort, le levier de percuteur, le percuteur et l'extracteur.

Introduire le vérificateur dans la chambre, présenter la culasse en ayant soin de placer ses nervures dans les rainures de la boîte de culasse.

Pousser doucement à la main la culasse en avant jusqu'à ce que la cuvette soit au contact du culot du vérificateur.

Maintenir la culasse dans cette position et fermer le verrou à la main.

La branche antérieure du verrou ne doit pas pouvoir pénétrer dans l'échancrure de la culasse.

CHAPITRE V.

INCIDENTS QUI PEUVENT SURVENIR PENDANT LE TIR.

100. D'une manière générale, lorsqu'un arrêt se produit dans le fonctionnement automatique de la mitrailleuse, chercher d'abord à continuer le tir en armant à la main et en agissant ensuite sur la détente.

Si l'armé à la main ne peut être obtenu, si le départ du coup ne se produit pas, ou si l'arrêt se renouvelle à plusieurs reprises, rechercher la cause du défaut de fonctionnement afin de pouvoir y remédier.

Avant toute recherche, commencer par retirer la bande engagée, ouvrir le couvercle et enlever la culasse mobile (1).

Les divers incidents peuvent provenir, soit de l'arme, soit des munitions.

§ 1. — Incidents dus à l'arme.

101. *Le tir ne peut s'exécuter que coup par coup.*

L'incident, s'il se produit au début du tir, est dû à un défaut de démarrage de l'arme.

S'assurer que le trait de repère du piston se trouve bien en regard du trait de repère du manchon et que le régulateur d'échappement est placé à la division zéro.

Par les temps froids, on facilite le démarrage en échauffant par un procédé quelconque le dessous de chambre à gaz dans la partie correspondant au canal d'introduction.

Cet incident, surtout s'il est constaté au cours d'un tir, peut provenir de la rupture de la tringle ou de la tige du piston, auxquels cas le corps du piston reste en avant pendant le fonctionnement.

---

(1) Lorsque l'arme est très échauffée par un tir prolongé, attendre trente secondes au minimum avant d'ouvrir le couvercle et s'abstenir pendant ce temps de regarder de près par la fenêtre d'éjection.

Quand une cartouche non percutée ne peut être extraite immédiatement de la chambre d'une mitrailleuse très échauffée, attendre au minimum trois minutes avant d'ouvrir le couvercle.

Quand une cartouche non percutée a fait explosion dans la chambre, voir, avant de continuer le tir, s'il est resté une balle dans le canon et, dans ce cas, la chasser soit avec une baguette, soit en tirant dans l'arme une cartouche dont la balle a été enlevée et remplacée par un tampon d'ouate.

102. Le défaut de démarrage peut produire des manques de course se traduisant par un défaut d'éjection des étuis qui restent dans la boîte de culasse et demeurent engagés dans la fenêtre d'éjection. Dans ce cas, maintenir la culasse armée et retirer l'étui au moyen du crochet tire-cartouche. Cet étui enlevé, mettre le régulateur, s'il y a lieu, à une division inférieure. Ce défaut d'éjection pouvant être dû à la rupture de l'extracteur, vérifier l'état de cette dernière pièce.

103. La culasse mobile ne peut être ramenée en arrière.

a) *La culasse mobile reste fermée.*

Si le levier d'armement peut être soulevé de 45 millimètres environ, l'arrêt du tir est dû à ce que le percuteur a été faussé à la suite d'une perforation d'amorce.

Ouvrir la boîte de culasse, chasser vers l'avant, au moyen de la lame du tournevis, le percuteur dont l'arrière fait saillie à l'intérieur de la rainure en S de manière à pouvoir enlever la culasse mobile. Changer la culasse mobile et remplacer le percuteur sur la culasse enlevée.

Si le levier d'armement peut être soulevé de 70 millimètres environ, la difficulté d'ouverture de la culasse mobile provient de la dureté d'extraction d'un étui.

Chercher à extraire l'étui en changeant la culasse mobile. Employer au besoin le chasse-cartouche, la culasse ouverte. L'étui enlevé, vérifier qu'il n'y a pas de corps étranger dans la chambre.

S'il y a eu éjection d'une cartouche non percutée, s'assurer qu'il n'y a pas dans la chambre de fragment d'étui non extrait.

La présence dans la chambre d'un étui rompu au culot indique soit un excès de dimension de la feuillure, soit un défaut de fabrication de l'étui.

Retirer le fragment d'étui avec le tire-douille, et vérifier ultérieurement, avec le vérificateur de rebut, les dimensions de la feuillure.

b) *La culasse mobile s'arrête après avoir été portée légèrement en arrière.*

L'incident est caractérisé par la présence, dans l'élévateur rabattu, d'une cartouche qui s'oppose à l'arrivée de la cartouche suivante saisie par le tracteur. La bande ne peut être enlevée, la cartouche entraînée par le tracteur étant engagée dans l'orifice d'introduction et restant encore en prise avec les griffes de la bande.

Cet incident est dû en même temps à un manque de course et à une poussée de gauche à droite exercée sur la bande par le servant chargeur.

Fermer la boîte de culasse; agir vigoureusement sur le levier d'armement, et l'abandonner brusquement; la deuxième cartouche vient reprendre sa place dans la bande qui peut alors être enlevée sans difficulté.

Cette manœuvre peut ne pas réussir sur une arme chaude et un peu encrassée. Dans ce cas, ouvrir la boîte de culasse, armer et faire fléchir en même temps le tracteur vers l'extérieur au moyen de la lame du tire-cartouche placé verticalement, le manche en haut, de manière que la griffe du tracteur abandonne le bourrelet de la cartouche antérieure. Refouler ensuite cette cartouche sur la bande au moyen du crochet tire-cartouche et enlever la bande.

Achever le mouvement de l'armé, décharger l'arme et diminuer l'échappement des gaz au moyen du régulateur.

c) *La culasse mobile s'arrête aux deux tiers environ de sa course vers l'arrière.*

L'impossibilité d'ouvrir la culasse est due à la présence dans le fond de l'élévateur d'une balle libre contre laquelle vient buter le culot de la cartouche amenée par le tracteur.

Enlever cette balle avec le tire-balle.

d) *La culasse mobile s'arrête près de l'extrémité de sa course.*

L'incident est caractérisé par la présence dans la boîte de culasse, et l'engagement partiel entre celle-ci et l'élévateur à demi relevé d'une cartouche placée le culot en l'air. Il est dû soit à une insuffisance de pente du tracteur, soit à la présence d'un couvre-amorce tombé sous le bec de l'élévateur au fond de son logement dans la boîte de culasse.

S'assurer qu'il n'y a pas de couvre-amorce sous le bec de l'élévateur et que le logement de cette dernière pièce ne présente pas un encrassement exagéré; suivant le cas, changer la culasse mobile et remplacer le tracteur.

L'incident est dû parfois au faussage de l'ergot arrêtoir du ressort amortisseur porté par le radiateur.

104. La culasse mobile ne peut se porter en avant :

a) *L'élévateur est abaissé;* la boîte de culasse renferme une cartouche placée la balle en l'air et présentant une déformation produite par l'avant de la culasse mobile presque fermée.

L'incident, qui se produit surtout avec des poussées faibles, est dû à une forme trop aiguë ou trop chanfreinée de l'arête terminant vers l'avant la nervure inférieure de la culasse mobile.

Augmenter l'admission des gaz au moyen du régulateur et, s'il y a lieu, changer la culasse mobile dont l'arête inférieure avant, si elle est aiguë, devra être ultérieurement chanfreinée très légèrement au moyen de la pierre à l'huile ou de corindon fin.

Cet incident peut avoir pour cause unique une cadence exagérée du tir rapide (650 à 700 coups à la minute). Dans ce cas, modérer la cadence en diminuant l'admission des gaz à l'aide du régulateur.

b) *L'élévateur renferme une cartouche qui vient buter contre une cartouche ou un étui resté dans la chambre.*

L'incident est dû soit à un encrassement exagéré de la cuvette de la culasse mobile et de la tranche du tonnerre, soit à un défaut d'extraction.

Le défaut d'extraction peut être dû à la rupture de l'extracteur, à une dureté d'extraction provenant d'un défaut de fabrication de la cartouche ou de l'encrassement de la chambre, ou à la présence d'un couvre-amorce dans le logement de l'extracteur sur le canon.

Retirer l'élément resté dans la chambre en employant, si cela est nécessaire, une culasse mobile de rechange. En cas de difficulté d'extraction, se servir du chasse-cartouche et du marteau; procéder avec précaution, de manière à éviter le coincement du chasse-cartouche dans son logement à la suite d'une inclinaison trop accentuée de cet organe vers l'avant.

Changer la culasse mobile, après avoir nettoyé la tranche du tonnerre et la chambre, et passé l'écouvillon à travers le logement du chasse-cartouche.

c) *L'élévateur ne renferme aucune cartouche; la culasse est ouverte à fond, mais son bec se trouve placé un peu en avant de celui de la détente fixe.*

L'incident est dû à un défaut de fonctionnement du tracteur. Pendant le mouvement de recul de la culasse, le tracteur n'a amené aucune cartouche soit à cause d'un excès de sa courbure, soit à cause d'un défaut de forme du bourrelet de l'étui.

Retirer d'abord la bande en pressant à fond le levier d'armement.

Dans le cas d'excès de courbure du tracteur (occasionné généralement par une chute de la culasse mobile), il est difficile de retirer la bande, le tracteur ayant refoulé l'étui de la cartouche sur la balle. Dans ce cas, commencer par remettre en place le bourrelet de la cartouche sur la bande-chargeur au moyen de la lame du tournevis que l'on introduit en avant de la balle dans la mortaise pratiquée sur le côté droit et en avant du couloir.

La bande enlevée, décharger l'arme s'il y a lieu, remettre la bande et continuer le tir.

Si l'incident se produit à plusieurs reprises, changer la culasse mobile et remplacer le tracteur de la culasse mobile enlevée.

Le défaut de fonctionnement du tracteur peut être dû, mais très exceptionnellement, à une usure exagérée des doigts du barillet.

105. L'incident précédent peut aussi se produire par suite d'une faute de manœuvre lorsque, ayant interrompu le tir et enlevé la culasse mobile en laissant la bande en place, on a laissé le levier d'armement revenir en avant avant d'avoir replacé la culasse mobile. L'incident se produit à la reprise du feu.

106. La culasse mobile ne peut être portée ni en avant ni en arrière.

a) *La culasse mobile est à demi ouverte, le galet de pignon-manivelle au haut de la rainure en S, et il n'y a pas de cartouche engagée sur l'élévateur.*

Cet incident, fréquent lorsque les servants sont inexpérimentés, se produit au moment de l'introduction d'une bande-chargeur dont le tir doit suivre sans interruption celui d'une bande déjà engagée, lorsque les extrémités de ces deux bandes ne sont pas jointives dans le couloir d'alimentation.

On reconnaît immédiatement la cause de l'incident au coincement qui en résulte pour la nouvelle bande et au fait qu'il se produit au moment de son introduction.

Armer vivement en manœuvrant « à toc » le levier d'armement, pousser la nouvelle bande en place sans désarmer, et continuer le tir.

b) *La culasse mobile est à demi ouverte, le galet de pignon-manivelle vers le haut de la rainure en S, et il y a une cartouche engagée sur l'élévateur.*

Cet incident, exceptionnel, est dû à une usure très prononcée des talons des doigts de barillet ou à un faussage de l'arme causé par le départ prématuré d'une cartouche.

Ramener le galet de pignon-manivelle en frappant sur lui de haut en bas et d'arrière en avant par l'intermédiaire d'un morceau de bois, de manière à refermer la culasse mobile. Armer après avoir retiré la bande, enlever la cartouche qui se trouve sur l'élévateur.

Si le mouvement de l'armé peut se faire, changer les doigts de barillet.

Si le mouvement de l'armé ne peut se faire que difficilement, changer le pignon-manivelle et la culasse mobile et vérifier le fonctionnement.

107. Ejection de cartouches imparfaitement percutées.
— L'incident est dû, soit à la rupture du percuteur ou de
la gâchette, soit à la présence d'un couvre-amorce dans
la cuvette de la culasse mobile.

Changer la culasse mobile. Vérifier sur la culasse enlevée
l'état du percuteur et de la gâchette, nettoyer le logement
du percuteur. Voir s'il n'y a pas sur la cuvette de trace de
laiton provenant d'un couvre-amorce. Continuer le tir et,
en cas d'arrêt ultérieur, rechercher le couvre-amorce tombé
dans le mécanisme.

108. Ejection de cartouches non percutées. — L'éjection
de cartouches non percutées, toujours due à une fermeture incomplète de la culasse, provient soit d'encras-
sements exagérés du logement du percuteur, de la tête de
la culasse mobile, de la tranche du tonnerre ou de la
chambre; soit de la présence de corps étrangers dans le
logement du percuteur, soit de celle de couvre-amorce sur
le plan incliné du tonnerre ou dans le logement sur le
canon de la tête de l'ailette gauche de la culasse mobile,
soit d'un encrassement de la tige du piston, soit enfin de
la faiblesse du ressort récupérateur.

Enlever la culasse mobile, nettoyer la tranche du tonnerre. Manœuvrer avec le levier d'armement sans replacer
la culasse mobile pour se rendre compte des duretés de
fonctionnement qui pourraient provenir de l'encrassement
de la tige du piston. Nettoyer celle-ci sommairement, s'il y
a lieu, sans la démonter, avec un chiffon imbibé d'huile.

Charger la culasse mobile et reprendre le tir.

Si l'éjection de cartouches non percutées continue, changer le ressort récupérateur.

§ 2. — Incidents spéciaux au tir à vitesse réglée.

109. Le tir s'arrête sans que la cadence ait varié. — L'arrêt de tir est généralement dû à un défaut attribuable
aux cartouches. Toutefois, il peut provenir de la rupture
de la tringle ou de la tige du piston.

**110. L'arrêt de tir est précédé de deux coups qui se
succèdent à vitesse rapide.** — L'incident est dû à un manque de course.

Vérifier que le trait de repère du piston est bien en regard de celui de la fenêtre de la chambre à gaz.

Diminuer l'échappement au moyen du régulateur.

111. Le tir a une cadence irrégulière. — L'incident provient d'un manque de fluide dans l'appareil de réglage
de la vitesse ou de l'usure du bec de culasse ou de détente
mobile.

Dans le cas d'usure du bec de culasse ou de détente, on constate des alternances de tir réglé et de tir rapide.

On régularise la cadence en agissant momentanément sur le levier de réglage de la vitesse, de manière à diminuer légèrement celle-ci ou surtout en augmentant l'échappement au moyen du régulateur.

112. Le tir à vitesse réglée ne peut être obtenu. — L'incident peut provenir, soit d'une rupture de la détente mobile, soit d'un manque de fluide dans l'appareil de réglage.

113. Rupture de détente mobile. — Au moment de la rupture de la détente mobile, la cadence passe à celle du tir rapide. Le tir s'arrête généralement peu après par suite de la chute du bec de détente mobile dans le mécanisme.

Remplacer le jeu de détentes après avoir retiré le bec de la détente mobile brisé tombé dans le mécanisme.

En cas de manque de pièces de rechange, l'arme peut encore exécuter des tirs rapides.

114. Manque de fluide dans l'appareil de réglage. — Le fonctionnement de l'arme n'est pas empêché, étant donné que l'on peut procéder au tir rapide.

Pour remettre l'appareil en état d'exécuter le tir à vitesse réglée, il est nécessaire de procéder au remplissage de l'appareil dans les conditions prévues au n° 94.

§ 3. — Incidents dus aux cartouches.

115. Rupture d'étui. — Ainsi qu'il est expliqué au n° 103, l'incident peut se produire avec des cartouches de fabrication défectueuse, bien que les dimensions de la feuillure soient dans les tolérances.

Opérer comme il a été dit au n° 103.

116. Balles séparées de l'étui. — Les balles séparées de l'étui donnent lieu aux incidents les plus fréquents attribuables aux cartouches.

Dans le cas où les balles séparées ne s'échappent pas par la mortaise spéciale pratiquée sur le côté droit et en avant du couloir, elles sont entraînées dans le mécanisme d'où il y aura lieu de les extraire en enlevant, s'il est nécessaire, la culasse mobile, l'élévateur et même la crémaillère.

Avant de continuer le tir, il est prudent, surtout avec les cartouches modèle 1886 D, d'écouvillonner de manière à expulser les grains de poudre restants.

117. Cartouche mal placée sur la bande. — Une cartouche dont le culot déborde le bord de la bande entraîne l'arrêt du fonctionnement. Le culot, en butant contre l'entrée du couloir, ou en occasionnant une dureté de coulissement, s'oppose à l'avancement de la bande et empêche le barillet de tourner.

Retirer la bande et rectifier son garnissage.

TITRE II.

AFFUT-TRÉPIED MODÈLE 1907.

TYPE C.

CHAPITRE VI.

DESCRIPTION ET NOMENCLATURE.

(Planches IV, V et VI.)

118. L'affût-trépied modèle 1907, type C, comprend deux parties essentielles, savoir :

1° Le *support pivotant*;

2° Le *trépied*.

§ 1. — Support pivotant.

119. Le *support pivotant* est monté sur le pivot du trépied; il repose en outre, par sa glissière, sur une *circulaire* solidaire du *corps de pivot*.

La partie supérieure du support pivotant, en forme de fourche, présente deux encastrements pour recevoir les tourillons de la mitrailleuse, qui y sont maintenus par des *sus-bandes à rotation*.

Ces sus-bandes, manœuvrées au moyen des oreilles dont elles sont munies, peuvent occuper deux positions :

Dans la première position, la sus-bande est ouverte et la nervure circulaire qui la termine intérieurement est placée dans le prolongement de l'encastrement : le tourillon de la mitrailleuse peut être introduit dans cet encastrement.

Dans la seconde position, qui s'obtient en faisant tourner la sus-bande d'un demi-tour, celle-ci est fermée et sa nervure recouvre le tourillon et l'immobilise.

Un *levier-arrêtoir*, sur lequel agit un ressort à boudin et dont la tête quadrillée se trouve sous la partie antérieure de l'encastrement, assure la fixité de la sus-bande dans cette dernière position.

Le support pivotant porte les organes *du mécanisme de pointage en hauteur* et ceux qui assurent le *blocage en direction*.

120. *a*). **Mécanisme de pointage en hauteur.** — Au-dessus de la glissière du support pivotant, deux encastrements demi-cylindriques reçoivent les tourillons d'une *boîte à tourillons*, maintenus par des *sus-bandes à charnière*.

La fixité de chaque sus-bande, à la position de fermeture, est assurée par un bonhomme arrêtoir à ressort, dont la tête fait saillie sous la partie postérieure de l'encastrement.

La boîte à tourillons contient *la vis de pointage télescopique*, qui porte à sa partie supérieure *un crochet* servant à la relier à la mitrailleuse. Ce crochet est muni d'un arrêtoir à levier avec ressort.

La vis de pointage est commandée par l'intermédiaire d'un pignon de commande au moyen d'un *volant de pointage* placé sur le côté gauche de la boîte à tourillons et muni de deux *tenons de manœuvre*.

121. L'irréversibilité du système de commande est assurée par un dispositif particulier, logé dans un *tambour* fixé au tourillon gauche de la boîte à tourillons et recouvert par le moyeu du volant de pointage. Ce dispositif comprend une *noix* calée sur l'arbre du pignon de commande et deux *osselets* montés excentriquement. Sur ces osselets agissent deux *ressorts* à boudin qui provoquent leur coincement entre la noix et la paroi du tambour, quand le pignon de commande tend à tourner dans un sens ou dans l'autre sous l'effet des trépidations du tir. Le volant de pointage est fou sur l'arbre du pignon de commande et présente une *nervure* interrompue en arc de cercle qui pénètre dans le tambour. Lorsqu'on tourne le volant dans un sens ou dans l'autre, sa nervure repousse d'abord l'un des osselets de manière à libérer l'arbre de commande et détermine ensuite la rotation de celui-ci.

Le tambour se prolonge vers l'arrière par un bras qui constitue l'*index de pointage*.

122. *b*). **Organes de blocage en direction du support pivotant.** — Un *levier de débrayage* placé contre la face droite du support pivotant commande par l'intermédiaire d'un *tourillon ovalisé* deux *mâchoires* logées entre les flasques du support et dont les becs embrassent un secteur strié fixé au trépied. Un fort *ressort* agit sur l'extrémité

LÉGENDE

DES PLANCHES IV, V ET VI.

A. Support pivotant.

1. Support pivotant.
2. Douille de pivot.
3. Sus-bande de support pivotant.
4. Levier-arrêtoir de sus-bande.
5. Boîte à tourillons.
6. Sus-bande de boîte à tourillons.
7. Vis de pointage télescopique.
8. Crochet de vis de pointage.
9. Index de pointage.
10. Volant de pointage.
11. Nervure de volant.
12. Tenon de manœuvre.
13. Noix.
14. Tambour.
15. Osselet.
16. Ressort d'osselet.
17. Levier de débrayage.
18. Tourillon ovalisé de levier.
19. Mâchoires.
20. Ressort de mâchoires.

B. Trépied.

21. Corps de pivot.
22. Pivot.
23. Secteur strié.
24. Circulaire.
25. Douille fendue.
26. Ecrou de serrage de douille.
27. Flèche télescopique.
28. Bras antérieur de flèche.
29. Manivelle d'arrêt de flèche.
30. Articulation de flèche.
31. Rallonge de flèche.
32. Semelle et bêche de flèche.
33. Collier de flèche.
34. Siège.
35. Griffe.
36. Montant de pied antérieur.
37. Tête de montant.
38. Semelle à ergot de montant.
39. Compas.
40. Ecrou moleté de pied antérieur de droite.
41. Genouillère.
42 Manivelle de genouillère.

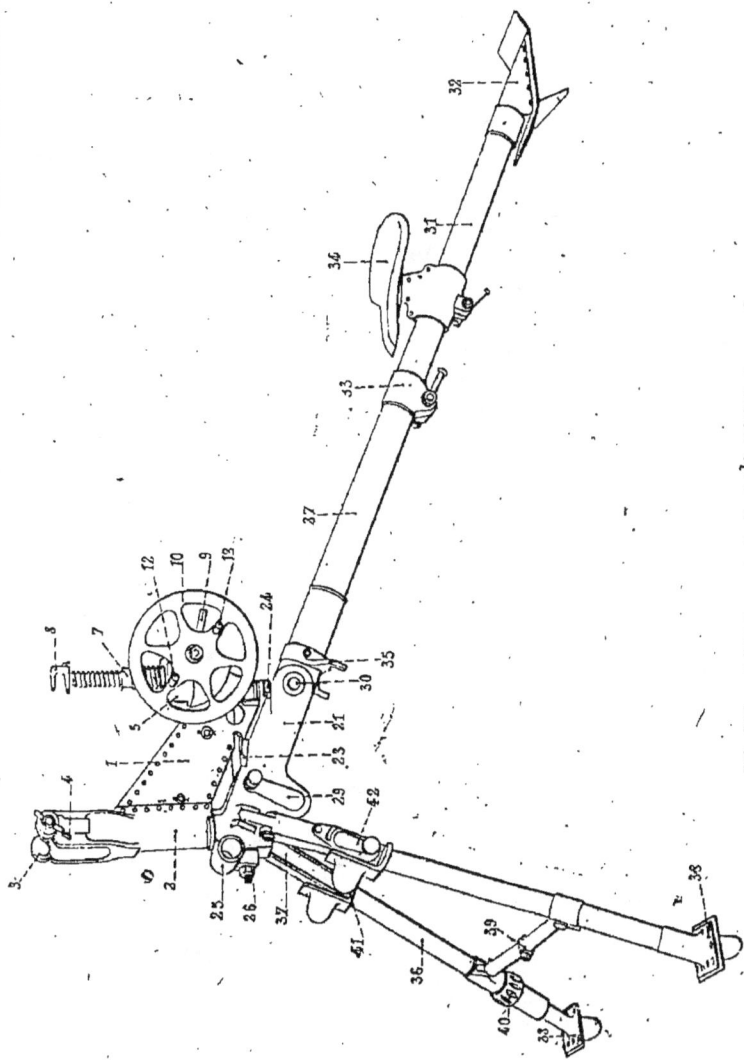

PL. IV — Affût-trépied M^{le} 1907, type C.
Affût dressé.

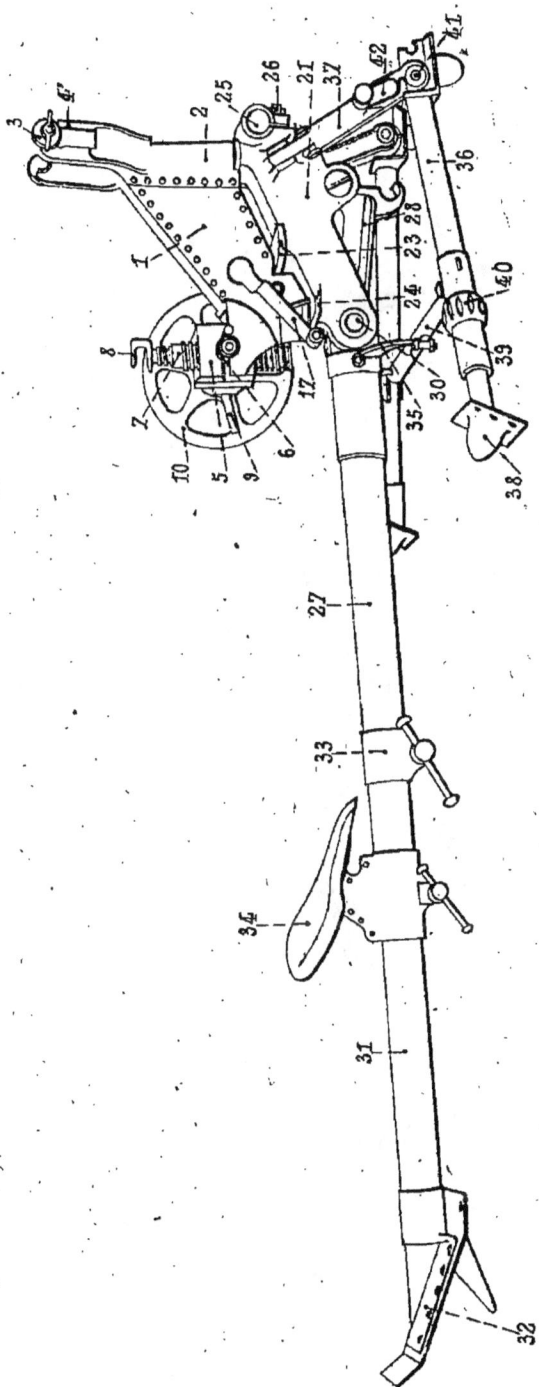

PL. V.—Affût-trépied M.^{le} 1907, type C.
Affût agenouillé

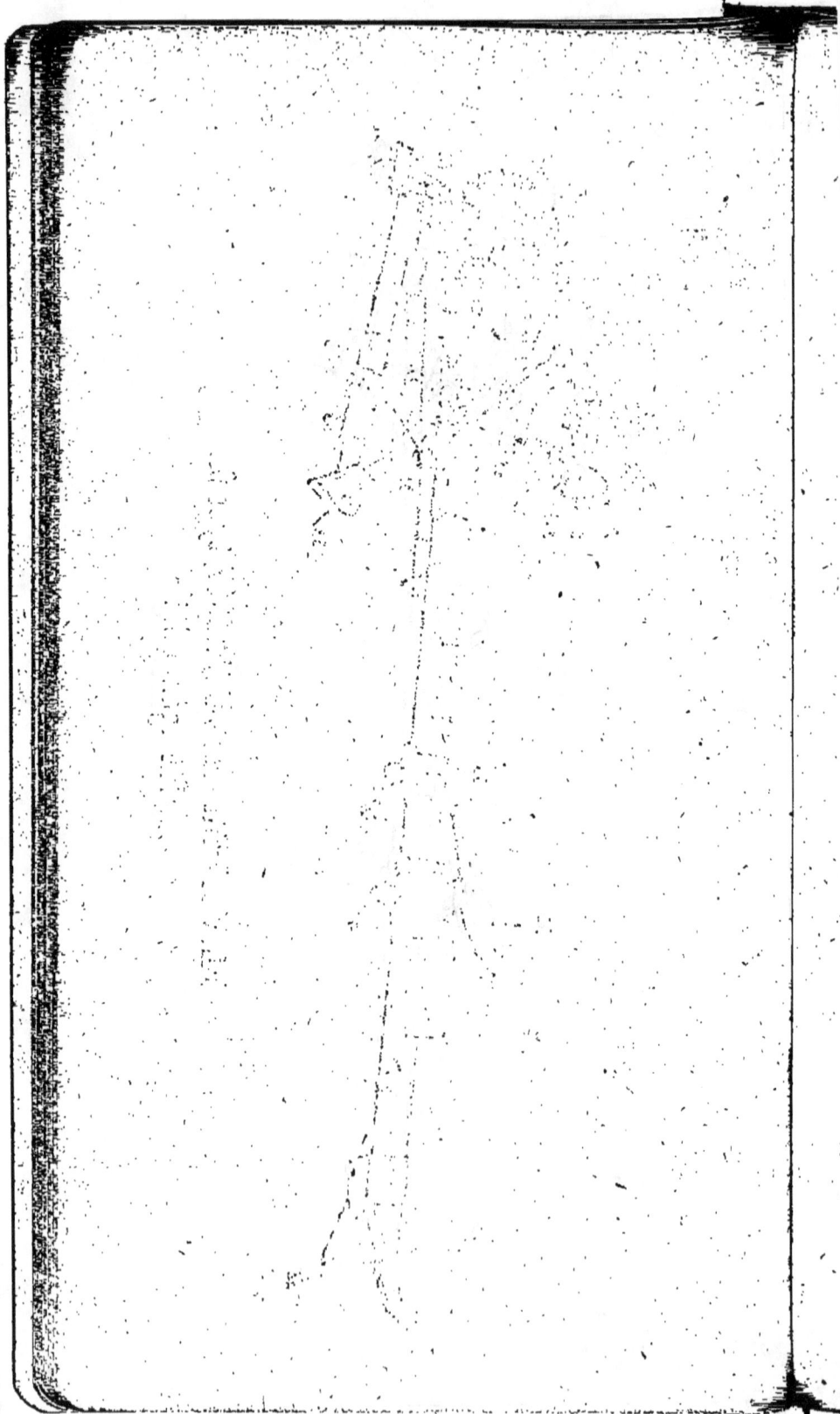

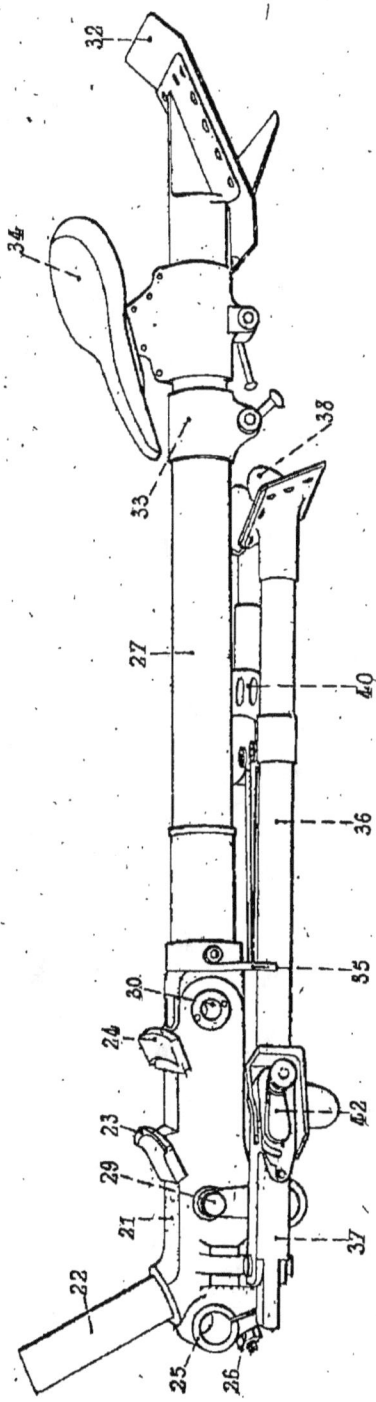

PL. VI. _ Affût-trépied M^{le} 1907, type C.
Affût replié (le support pivotant enlevé).

des branches des mâchoires et tend à maintenir celles-ci fermées.

Le levier peut occuper deux positions :

Lorsqu'il est relevé, les becs des mâchoires sont écartés et le support pivotant tourne librement autour du pivot porté par le trépied.

Lorsqu'il est abaissé, les becs des mâchoires sont serrés énergiquement sur le secteur strié par l'action du ressort, et le support pivotant est immobilisé.

Le tourillon ovalisé est muni de méplats qui assurent la fixité du levier de débrayage dans l'une ou l'autre de ces deux positions.

§ 2. — Trépied.

123. Le trépied comprend trois parties, savoir :

Le *corps de pivot*;

La *flèche télescopique*;

Les *pieds antérieurs*.

124. *a*). **Corps de pivot.** — Le *corps de pivot*, qui sert d'appui au support pivotant, porte, à sa partie supérieure, le *pivot*, le *secteur strié* et la *circulaire*; il est articulé, à sa partie postérieure, avec la flèche télescopique, de manière à pouvoir prendre, par rapport à celle-ci, deux positions différentes dont l'une correspond à l'affût dressé et l'autre à l'affût agenouillé.

L'articulation est immobilisée dans l'une ou l'autre de ces deux positions par un arbre demi-cylindrique commandé par une *manivelle d'arrêt de flèche* placée sur le côté gauche du corps du pivot. Un verrou à ressort, porté par le bouton de la manivelle, peut pénétrer dans une gâche pratiquée sur le corps de pivot, de manière à immobiliser la manivelle à sa position de fermeture.

A la partie antérieure, le corps de pivot porte une *douille* fendue munie d'un *écrou de serrage*. (Cette douille est destinée à recevoir une traverse servant à fixer l'affût lorsqu'il est transporté sur la voiture légère de mitrailleuse de cavalerie.)

125. *b*). **Flèche télescopique.** — La *flèche télescopique* comprend un *bras antérieur* et une *rallonge de flèche*.

La flèche est articulée avec le corps de pivot; dans son bras antérieur sont pratiqués deux encastrements demi-cylindriques servant de logement à l'arbre de la *manivelle d'arrêt* et correspondant à l'une ou l'autre des deux positions extrêmes que peut prendre la flèche par rapport au corps de pivot.

La rallonge intérieure peut être immobilisée dans une

position quelconque par un *collier fendu* dont le serrage est obtenu par la manœuvre d'un boulon à manette.

Sa course, dans son mouvement de coulissement, est limitée par une butée intérieure.

La flèche porte, près de son axe d'articulation avec le pivot et en arrière de cet axe, une *griffe* qui sert à maintenir les pieds antérieurs lorsqu'ils sont repliés.

La rallonge se termine par une *semelle* munie d'un *soc de bêche*. Elle porte en outre le *siège* du tireur qui peut être fixé à l'emplacement convenable par le serrage d'un boulon à manette.

126. c). **Pieds antérieurs.** — Les deux *pieds antérieurs* sont articulés à leur extrémité supérieure sur un même tourillon qui traverse la partie antérieure du corps de pivot. Ils sont reliés par un *compas* qui maintient leur écartement quand le trépied est dressé.

Chaque pied comprend un *montant* qui se termine à son extrémité inférieure par une *semelle à ergot* et une *tête de montant* prolongée par un tenon qui vient s'engager, lorsque le trépied est dressé, dans un encastrement porté par le corps de pivot.

Le montant de droite est muni en outre à sa partie inférieure, d'un *écrou moleté* qui permet de faire varier la longueur de ce montant.

Les articulations de *genouillère* placées entre chaque montant et sa tête permettent d'agenouiller l'affût en repliant sous la flèche la partie inférieure des pieds.

Pour assurer la rigidité des articulations quand les pieds sont dressés, la tête de chaque montant est munie d'une cheville demi-cylindrique commandée par une *manivelle*, qui peut être engagée dans un encastrement pratiqué sur la genouillère du montant; le bouton de la manivelle est muni d'un bonhomme à ressort qui peut pénétrer dans l'un ou l'autre de deux logements pratiqués sur la tête du montant, de manière à immobiliser la manivelle dans l'une ou l'autre des deux positions d'ouverture et de fermeture.

La genouillère de chaque montant présente vers l'avant une *semelle à ergot* destinée à prendre appui sur le sol quand l'affût est agenouillé.

CHAPITRE VII.

DÉMONTAGE, REMONTAGE ET ENTRETIEN DE L'AFFUT.

§ 1. — Démontage et remontage.

127. En dehors de la séparation du support pivotant et du trépied, qui s'exécute dans les conditions prescrites par le règlement de manœuvre, le démontage des différents organes de l'affut ne se fait qu'exceptionnellement et seulement lorsqu'il est nécessaire de procéder à un nettoyage complet.

128. *a*). **Démonter et remonter le volant de pointage en hauteur et les pièces contenues dans le tambour.** — Pour démonter le volant, il suffit de dévisser l'écrou fendu qui le maintient.

Pour extraire ensuite du tambour les pièces qu'il contient, rapprocher légèrement les deux osselets l'un de l'autre en les serrant entre les doigts de manière à comprimer un peu leurs ressorts, et enlever ensemble la noix avec les osselets et les ressorts; ces différentes pièces se séparent ensuite aisément les unes des autres.

129. Pour remonter ces pièces et le volant de pointage, replacer d'abord les osselets sur la noix avec leurs ressorts, introduire le tout dans le tambour en enfilant la noix sur la tige carrée de l'arbre de commande, après avoir rapproché un peu les deux osselets l'un de l'autre pour faciliter l'introduction; coiffer ensuite la noix avec le volant de pointage en orientant convenablement la nervure circulaire du volant, et revisser l'écrou fendu sur l'arbre de commande.

130. *b*). **Démonter et remonter la vis de pointage.** — Le support pivotant étant placé sur le trépied, ouvrir les sus-bandes à charnière en agissant sur leurs arrêtoirs à ressort.

Retirer tout l'ensemble porté par la boîte à tourillons;

Enlever la goupille placée sur la face postérieure de la boîte, et ouvrir celle-ci pour en retirer la vis de pointage et son écrou.

On ne doit pas chercher à séparer la vis intérieure de la vis extérieure, ni cette dernière de son écrou.

Pour le remontage, opérer dans l'ordre inverse de celui indiqué ci-dessus.

131. *c).* **Démonter et remonter le dispositif de blocage en direction.** — Le support pivotant ayant été séparé préalablement du trépied, les organes du dispositif de blocage en direction sont démontés en opérant dans l'ordre suivant :

1° Levier de débrayage;

2° Axe du ressort et boulon d'axe entretoise des mâchoires;

3° Mâchoires et ressorts montés.

132. Pour démonter le levier de débrayage, rabattre celui-ci, enlever la goupille fendue qui arrête l'écrou placé à l'extrémité du tourillon du levier sur le côté gauche du support pivotant; dévisser cet écrou, puis retirer le levier de débrayage par le côté droit du support.

Pour remonter le levier de débrayage, opérer dans l'ordre inverse en ayant soin d'introduire le tourillon du levier dans la position qui correspond au levier abaissé.

133. Pour démonter l'axe du ressort, enlever la goupille placée à son extrémité sur le côté gauche du support, retirer la rondelle puis l'axe.

Pour démonter le boulon d'axe entretoise des mâchoires, enlever la goupille fendue qui arrête l'écrou placé à l'extrémité de ce boulon sur le côté droit du support, puis dévisser cet écrou et retirer le boulon.

Pendant le dévissage de l'écrou, on empêche le boulon de tourner au moyen d'un tournevis engagé dans la fente de la tête du boulon.

L'axe du ressort et le boulon d'axe entretoise des mâchoires étant enlevés, retirer ensemble les mâchoires et le ressort par l'ouverture pratiquée entre les flasques à la partie inférieure du support pivotant. On sépare ensuite facilement le ressort, les mâchoires et l'axe entretoise tubulaire des mâchoires.

134. Pour le remontage, commencer par assembler les deux mâchoires, les réunir par leur axe entretoise, puis placer le ressort à cheval sur l'extrémité des branches des mâchoires. Introduire le tout à l'intérieur du support pivotant par l'ouverture inférieure, puis par tâtonnement amener le trou du ressort qui sert de logement à son axe en regard des trous percés dans les flasques du support pivotant. Mettre en place l'axe du ressort, puis sa rondelle et sa goupille.

Agir ensuite avec précaution sur les mâchoires, de manière à faire coïncider le trou de l'axe entretoise avec les deux trous pratiqués dans les flasques du support-pivotant. Introduire ensuite le boulon d'axe entretoise, puis remettre son écrou et sa goupille.

§ 2. — Entretien.

135. Les deux parties de la vis de pointage télescopique doivent être bien graissées et maintenues toujours dans un grand état de propreté.

L'intérieur de la boîte à tourillons doit toujours être rempli de graisse consistante pour le bon fonctionnement de l'engrenage de commande de la vis de pointage et du pignon écrou.

En cas de dureté dans la manœuvre du dispositif de pointage, démonter la vis de pointage comme il a été expliqué précédemment pour vérifier l'état de l'engrenage et remplacer ou renouveler, s'il y a lieu, la graisse consistante.

Le tambour de boîte à tourillons doit également contenir de la graisse.

Les sus-bandes à rotation doivent être en parfait état d'entretien : elles doivent tourner librement dans leur logement; en cas de forcement, pétroler et huiler par le trou de graissage.

Les leviers arrêtoirs des sus-bandes à tourillons et celui du crochet d'attache de la mitrailleuse doivent fonctionner facilement; en cas de dureté, pétroler abondamment et huiler ensuite légèrement.

Les parties non peintes de l'affût doivent être tenues propres et bien graissées, en particulier le pivot, la douille de support pivotant, la glissière, la circulaire du trépied et la partie coulissante de la flèche télescopique.

Mettre quelques gouttes d'huile de temps en temps aux articulations supérieures des pieds, à celle des genouillères et à leurs manivelles, à l'articulation de flèche et à sa manivelle, enfin aux axes des organes du dispositif de blocage.

TITRE III.

A) AFFUT DE REMPART.

MODÈLE 1907.

CHAPITRE VIII.

DESCRIPTION ET NOMENCLATURE.

(Planches VII, VIII et IX.)

---

136. L'affût de rempart, modèle 1907, comprend les parties essentielles suivantes :

1° Le *support pivotant;*

2° Le *petit affût;*

3° Le *trépied;*

4° Les *masques et accessoires de transport.*

§ 1. — Support pivotant.

137. Le *support pivotant* est monté sur le *pivot de la console;* il repose en outre sur la *circulaire de console.*

Un ressort à lame fixé au support, à l'intérieur de la *douille de pivot,* et terminé par un bec, assure la liaison entre le support et le pivot de la console, tout en permettant un démontage rapide. A cet effet, le sommet du bec est simplement engagé dans une portion de gorge circulaire pratiquée vers l'extrémité du pivot.

La partie supérieure du support pivotant se termine en forme de fourche et présente *deux encastrements* destinés à recevoir les *tourillons* de la mitrailleuse. Ceux-ci y sont maintenus par des *sus-bandes à charnière.*

Chaque sus-bande se manœuvre au moyen des *oreilles* dont elle est munie; elle peut occuper deux positions.

LÉGENDE

DES PLANCHES VII, VIII ET IX

A. Support pivotant.

1. Support pivotant.
2. Denille de pivot.
3. Sus-bande à charnière de support pivotant.
4. Niveau de support pivotant.
5. Bras d'attache de masque supérieur.
6. Chape d'attache de masque supérieur.
7. Boîte à tourillons.
8. Sus-bande à charnière de boîte à tourillons.
9. Vis de pointage.
10. Crochet de vis de pointage.
11. Volant de vis de pointage.
12. Nervure de volant de pointage.
13. Tenon de manœuvre.
14. Tambour.
15. Osselet.
16. Ressort d'osselet.
17. Noix.
18. Index de pointage.
19. Levier de réglage de fauchage en direction.
20. Limbe gradué.

B. Petit affût.

a) *Console.*

21. Console.
22. Pivot de console.
23. Axe horizontal de console.
24. Boulon de serrage de console.
25. Niveau de console.
26. Circulaire de console.
27. Coulisseau de pointage en direction.
28. Levier de serrage de coulisseau de pointage.

b) *Douille support de console*

29. Douille-support de console.
30. Boulon de serrage de douille-support.
31. Manivelle de cliquet.

C. Trépied.

a) *Flèche télescopique.*

32. Flèche télescopique.
33. Crémaillère à flèche.
34. Rallonge de flèche.
35. Boulon de serrage de flèche.
36. Semelle de crosse.
37. Poignée de crosse à douille.
38. Broche de manœuvre.

b) *Fourche.*

39. Traverse de fourche.
40. Branche de fourche.
41. Semelle articulée de branche de fourche.
42. Poignée de branche de fourche.
43. Boulon de serrage de branche gauche de fourche.

D. Masques.

44. Masque supérieur.
45. Rallonge de masque supérieur.
46. Chaîne de suspension de rallonge.
47. Masque inférieur.

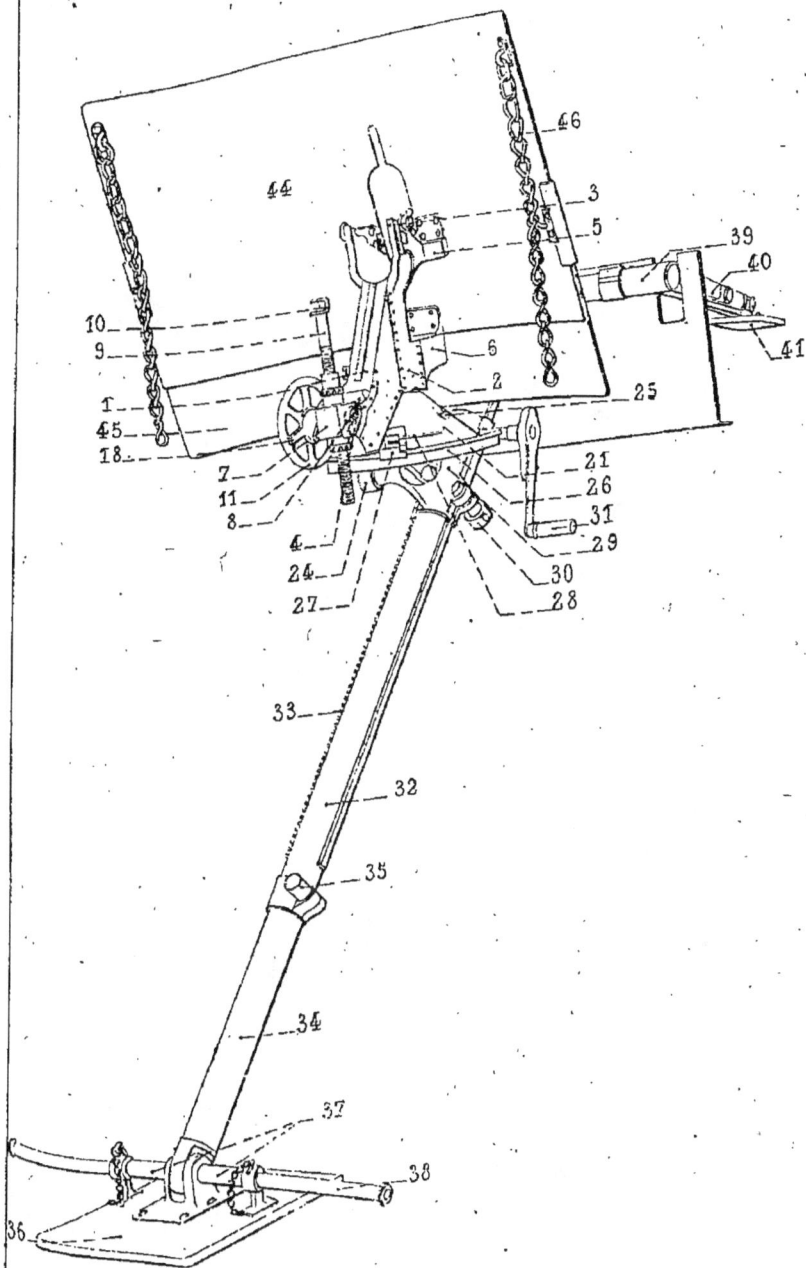

PL.VII_Affût de rempart Mᵐᵉ 1907.
Affût en batterie derrière un parapet.

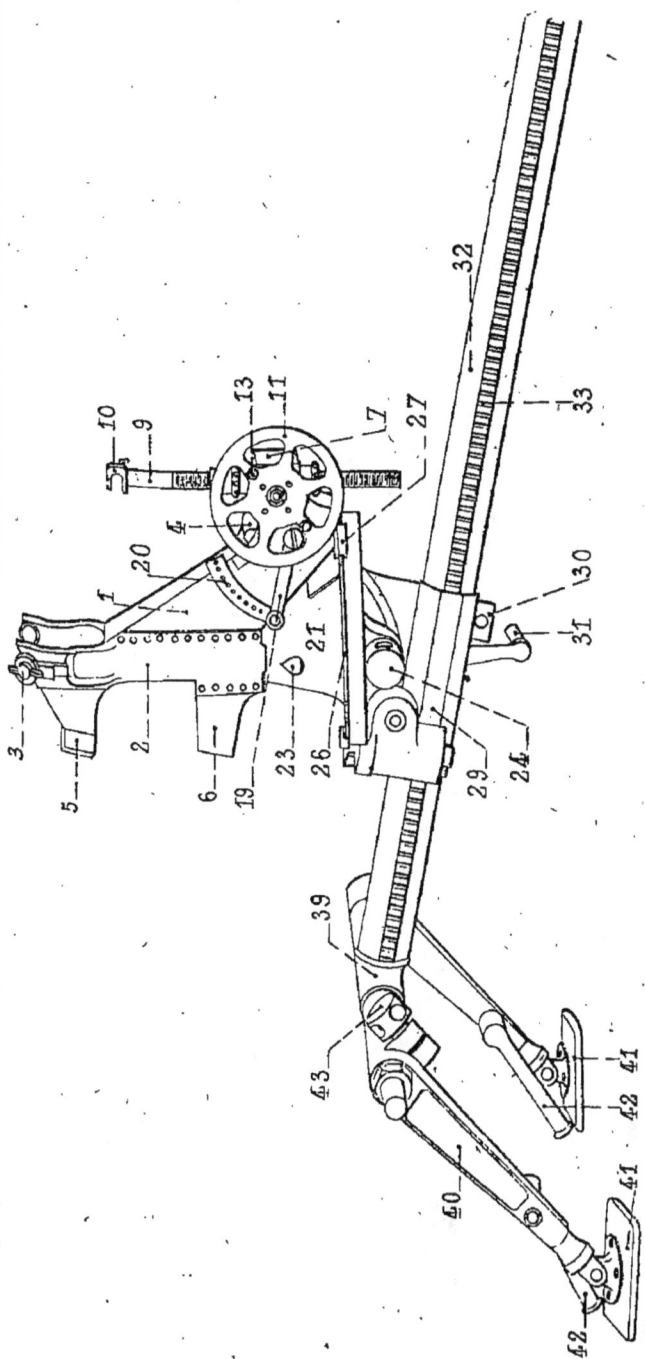

PL. VIII. — Affût de rempart Mle 1907.
Support pivotant et petit affût (Côté gauche).

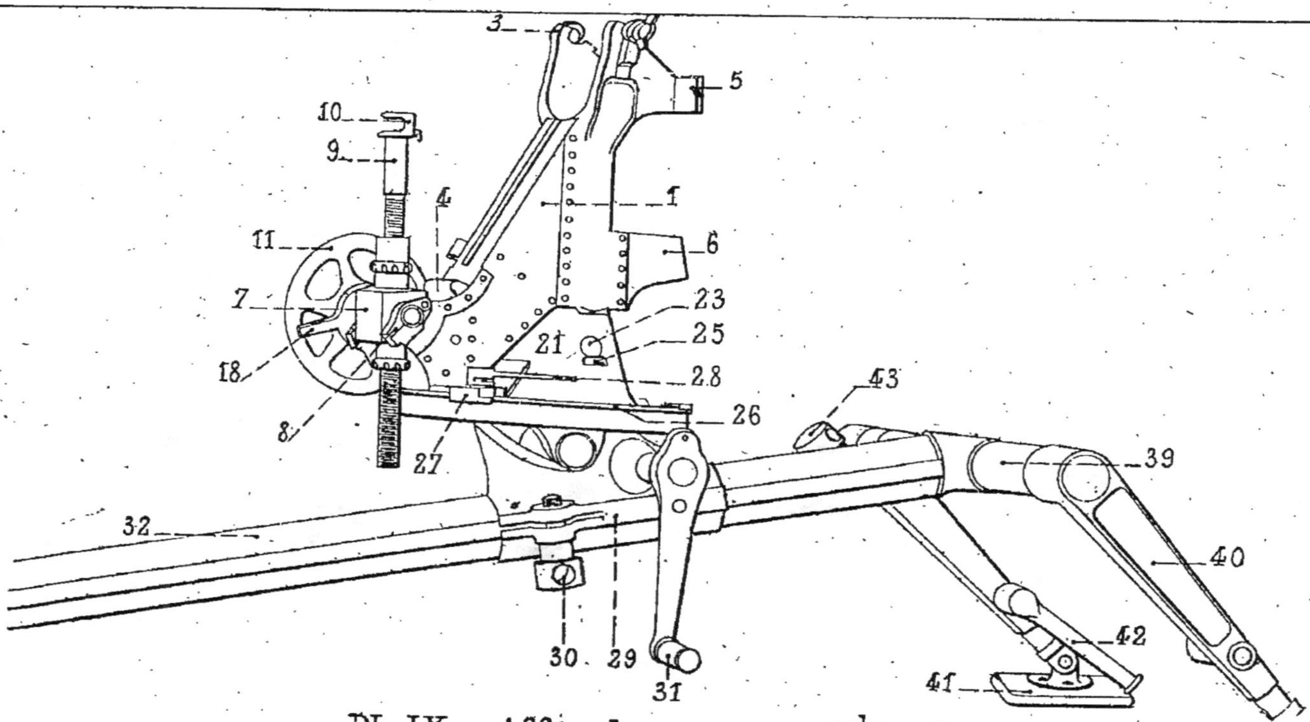

PL. IX. — Affût de rempart M^{le} 1907.
Support pivotant et petit affût. (Côté droit).

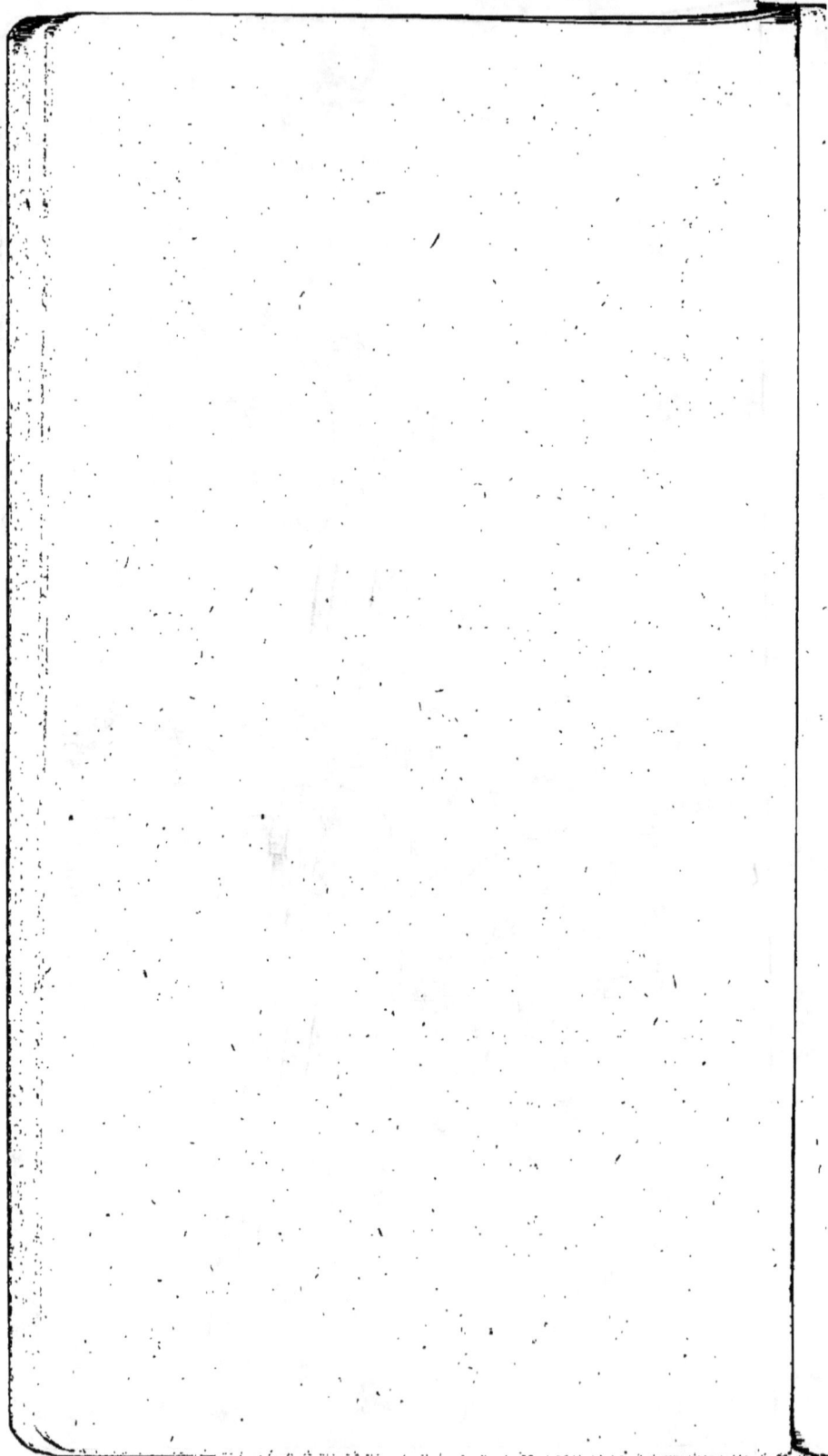

Dans la première position, la sus-bande est **ouverte**, et la nervure circulaire qui la termine intérieurement est placée dans le prolongement de l'encastrement : le tourillon de la mitrailleuse peut être introduit dans cet encastrement.

Dans la seconde position, qui s'obtient en faisant tourner la sus-bande d'un demi-tour, celle-ci est fermée; sa nervure recouvre alors le tourillon et l'immobilise.

Vers le bas de sa face supérieure, le support pivotant est muni d'un *niveau à bulle d'air* logé dans un encastrement spécial. Ce niveau est perpendiculaire au plan médian du support.

Une *chape* et deux *bras d'attache* placés à l'avant du support pivotant servent à recevoir le *masque supérieur*.

Le support pivotant porte les organes du *mécanisme de pointage en hauteur* et ceux qui assurent le *réglage du fauchage en direction*.

138. *a*). **Mécanisme du pointage en hauteur.** — Le support pivotant présente à l'arrière deux encastrements demi-cylindriques qui reçoivent les tourillons d'une *boîte à tourillons*, maintenus par des *sus-bandes à charnière*. Chaque sus-bande est immobilisée à la position de fermeture par un *bonhomme arrêtoir à ressort* dont la tête fait saillie sous l'extrémité arrière de la sus-bande.

La boîte à tourillons contient la *vis de pointage* qui porte à sa partie supérieure un *crochet* servant à la relier à la mitrailleuse. Ce crochet est muni d'un *arrêtoir à levier avec ressort*.

La vis de pointage est commandée, par l'intermédiaire d'un *pignon écrou* et d'un *pignon de commande*, au moyen d'un *volant de pointage* placé sur le côté gauche de la boîte à tourillons.

139. L'irréversibilité du système de commande est assurée par un dispositif particulier logé dans un *tambour* fixé au tourillon gauche de la boîte à tourillons et recouvert par le moyeu du volant de pointage.

Ce dispositif comprend :

Une *noix* calée sur l'arbre du pignon de commande et deux *osselets* montés excentriquement. Sur ces osselets agissent *deux ressorts à boudin* qui provoquent leur coincement entre la noix et la paroi du tambour quand le pignon de commande tend à tourner dans un sens ou dans l'autre sous l'effet des trépidations du tir.

Le volant de pointage est fou sur l'arbre du pignon de commande et présente une *nervure interrompue* en arc de cercle qui pénètre dans le tambour.

Lorsqu'on tourne le volant dans un sens ou dans l'autre, sa nervure repousse d'abord l'un des osselets de manière à libérer l'arbre de commande et détermine ensuite la rotation de celui-ci.

Le tambour se prolonge vers l'arrière par un bras qui constitue *l'index de pointage.*

140. *b).* **Organes de réglage du fauchage en direction.** — Le support pivotant porte à sa partie inférieure, entre les deux flasques, une *came circulaire* qui présente une rainure en forme de triangle, dans laquelle pénètre le *tenon du coulisseau de pointage en direction.*

La came est commandée par un *levier de réglage du fauchage en direction* dont la manivelle peut prendre différentes positions devant un *limbe gradué* placé sur le côté gauche du support pivotant. Ce levier est arrêté dans chacune de ses positions par un *bonhomme à ressort*, logé dans la poignée de la manivelle, qui pénètre dans un des trous percés dans le limbe.

L'amplitude du fauchage en direction est limitée par le jeu du tenon du coulisseau dans la rainure de la came; ce jeu dépend de l'orientation donnée à la came, par suite, de la position du levier de réglage.

La graduation inscrite en regard de chaque trou du limbe indique l'amplitude de fauchage correspondante. Cette amplitude est évaluée en millièmes de la distance.

§ 2. — Petit affût.

141. Le *petit affût* est organisé de manière à pouvoir être déplacé le long de la *flèche du trépied*; il permet ainsi d'amener la mitrailleuse à la hauteur voulue au-dessus du parapet et de la masquer derrière celui-ci au moment du besoin.

Il est constitué par deux pièces principales, la *console* et la *douille support de console*, qui sont réunies par une articulation disposée de façon à permettre de réaliser la verticalité du pivot qui reçoit le support pivotant.

142. *a).* **Console.** — La console est surmontée d'un *pivot;* elle peut osciller d'avant en arrière autour d'un *axe horizontal* qui la relie à la *douille support de console.* Un *boulon de serrage* placé sous la console permet de la fixer dans sa position relative par rapport à la douille.

La verticalité du pivot est assurée au moyen d'un *niveau à bulle d'air*, parallèle au plan médian de la console, perpendiculaire au pivot, et placé dans un logement pratiqué sur le côté droit du corps de console.

La console au-dessous du pivot présente une surface conique terminée par une *circulaire horizontale* graduée en degrés; sur la circulaire se déplace un *coulisseau* à l'extrémité gauche duquel est tracé un *trait de repère.*

Une vis de serrage manœuvrée par le *levier de serrage du coulisseau* permet de fixer celui-ci sur la circulaire.

Le coulisseau porte en son milieu un *tenon* qui s'engage dans la rainure de la came de réglage du fauchage en direction.

La graduation de la circulaire permet de préparer le tir sur des zones de terrain déterminées en repérant d'avance le pointage en direction sur ces zones.

143. *b).* **Douille-support de console.** — La douille support de console coulisse sur la *flèche;* elle porte les organes de commande du mouvement de coulissement, ainsi qu'un *boulon de serrage* placé sur le côté droit. Ce boulon permet de l'immobiliser en un point quelconque de la flèche.

Pour supporter la console, la douille présente au-dessus de la flèche un renfort dans lequel est pratiqué le logement de l'axe horizontal de console.

Concentriquement à cet axe, et plus près de la flèche, est ménagée une rainure circulaire ayant son centre sur l'axe et traversée par le boulon de serrage de console.

144. Le mécanisme qui permet de faire coulisser la douille le long de la flèche du trépied comprend : un *pignon,* qui engrène avec la *crémaillère de flèche* et qui est commandé par l'intermédiaire d'une *vis sans fin* au moyen d'une *manivelle* placée sur le côté droit de la douille.

La manivelle est munie d'un *cliquet* qui permet de faire monter ou descendre la douille, soit par un mouvement de rotation continu lorsque la mitrailleuse est éloignée du parapet, soit par mouvements alternatifs lorsque, la mitrailleuse étant trop rapprochée du parapet, le mouvement de rotation ne peut plus s'opérer.

Le cliquet peut occuper sur la manivelle deux positions, correspondant l'une au mouvement de montée, l'autre au mouvement de descente de la douille.

§ 3. — Trépied.

145. Le *trépied* est constitué par une *flèche télescopique,* fixée à la traverse d'une *fourche* terminée par *deux branches.*

146. *a).* **Flèche télescopique.** — La flèche, de forme tubulaire, est munie d'une *rallonge de flèche,* qui coulisse à l'intérieur en formant un système télescopique.

Un *boulon de serrage,* placé au bas de la flèche, permet d'immobiliser la rallonge dans une position quelconque.

La flèche présente latéralement une *crémaillère* avec laquelle engrène le pignon de la douille support de console.

L'extrémité de la rallonge qui repose sur le terre-plein

est munie d'une *semelle de crosse* articulée qui assure la fixité de l'appui sur le sol.

La semelle de crosse porte deux *poignées à douille* dans lesquelles sont engagées deux *broches de manœuvre* identiques servant au transport de l'affût et à la manœuvre des boulons de serrage.

Ces broches sont maintenues dans les poignées par des *goupilles doubles* en forme de fer à cheval.

147. b). Fourche. — La *traverse de la fourche* est fixée d'une façon invariable à la flèche; son extrémité gauche porte une douille dans laquelle peut s'engager une des broches de manœuvre.

Chacune des deux branches est terminée par une *semelle articulée* et porte au-dessus de la semelle une *poignée* servant au transport de l'affût.

La *branche droite* est fixée de façon invariable à la traverse.

La *branche gauche* peut tourner dans certaines limites autour de l'axe de la traverse de fourche; elle est maintenue dans l'une quelconque de ses positions par un *boulon de serrage* placé sur la branche au-dessous de la traverse.

Cette disposition permet de rendre la traverse horizontale quand l'affût est en batterie sur un terrain déversé.

§ 4. — Masques et accessoires de transport.

148. a). Masque supérieur. — Le *masque supérieur* est fixé par trois *agrafes* aux bras et à la chape du support pivotant.

Il est percé, pour le passage de la mitrailleuse, d'une ouverture qui est prolongée à la partie supérieure par une *échancrure verticale de visée.*

Le masque est complété par une *rallonge* qui permet de faire varier la hauteur totale du masque d'après l'inclinaison de la flèche.

La rallonge coulisse sur le masque auquel elle est suspendue par *deux chaînes.* Celles-ci se fixent à deux crochets permettant ainsi un réglage facile en hauteur, suivant les circonstances.

149. b). Masque inférieur. — Le *masque inférieur* est destiné à protéger les servants contre les balles qui pourraient passer sur la traverse de la fourche en rasant le sommet de l'épaulement.

Il est suspendu contre l'avant de la traverse par deux crochets.

150. c). Accessoires de transport. — Les accessoires de transport comprennent :

Une *bretelle* en cuir terminée par deux crochets métalliques; elle sert à transporter le masque supérieur;

Une *bricole* en cuir terminée par deux boucleteaux; elle est employée pour le transport de l'affût.

CHAPITRE IX.

DÉMONTAGE, REMONTAGE ET ENTRETIEN DE L'AFFUT.

§ 1. — Démontage et remontage.

151. *a*). **Enlever et remettre le support pivotant.** — Pour séparer le support pivotant de l'affût, il suffit de le soulever bien verticalement, après avoir enlevé, s'il y a lieu, le masque supérieur.

Pour le remonter, l'engager sur le pivot de la console en ayant soin de l'orienter de façon que le tenon du coulisseau pénètre dans la rainure de la came de réglage. L'enfoncer à fond.

152. *b*). **Démonter et remonter la console.** — Pour séparer la console de la douille-support de console, dévisser complètement l'écrou du boulon de serrage et enlever le boulon; retirer ensuite avec un marteau et un repoussoir l'axe horizontal qui maintient la console fixée à la douille en faisant sortir cet axe par le côté gauche de la console.

Pour remonter la console, opérer dans l'ordre inverse.

153. *c*). **Démonter et remonter le volant de pointage en hauteur et les pièces contenues dans le tambour.** — Pour démonter le volant, il suffit de dévisser l'écrou fendu qui le maintient.

Pour extraire ensuite du tambour les pièces qu'il renferme, rapprocher légèrement les deux osselets l'un de l'autre en les serrant entre les doigts de manière à comprimer un peu leurs ressorts, et enlever en même temps la noix avec les osselets et les ressorts; ces différentes pièces se séparent ensuite aisément les unes des autres.

Pour remonter ces pièces ainsi que le volant de pointage, replacer d'abord les osselets sur la noix avec leurs ressorts, introduire le tout dans le tambour en enfilant la noix sur la tige carrée de l'arbre de commande, après avoir rapproché un peu les deux osselets l'un de l'autre pour faciliter l'introduction; coiffer ensuite la noix avec le volant de pointage en orientant convenablement la nervure circulaire du volant. Revisser enfin l'écrou fendu sur l'arbre de commande.

154. *d*). **Démonter et remonter la vis de pointage.** — Le support pivotant étant placé sur l'affût, ouvrir les deux sus-bandes à charnière en appuyant avec l'extrémité d'un tournevis sur le bonhomme arrêtoir de chaque sus-bande pendant qu'on soulève celle-ci.

Retirer tout l'ensemble porté par la boîte à tourillons.

Enlever les bagues de liaison des deux demi-boîtes en les faisant glisser suivant l'axe de la vis. Séparer les deux demi-boîtes et retirer la vis de pointage sans la séparer de son écrou.

Pour le remontage, opérer dans l'ordre inverse de celui indiqué ci-dessus.

155. *e*). **Démonter et remonter les organes de réglage du fauchage en direction.** — Pour démonter la came et le levier de réglage du fauchage en direction, séparer le support pivotant de la console; faire tourner le levier de réglage du fauchage en direction de manière à lui faire dépasser le limbe gradué du côté de la division 200 et à l'amener dans une position parallèle à l'axe de la douille du pivot.

Dans cette position, la clavette de l'axe du levier se trouve placée en regard d'une entaille qui est pratiquée dans le flasque gauche du support pivotant pour lui servir de passage, et l'axe peut être facilement retiré par la gauche du support. L'axe dégagé, enlever la came qui tombe d'elle-même en retournant le support pivotant.

Pour remonter la came et le levier de réglage du fauchage en direction, placer la came entre les deux flasques en ayant soin de la disposer de manière que le sommet de la rainure triangulaire soit tourné vers l'avant du support; remettre le levier et le faire tourner de façon à ramener la poignée de la manivelle sur le limbe gradué; replacer le support pivotant sur la console.

156. *f*). **Démonter et remonter le coulisseau de pointage en direction.** — Enlever le support pivotant, dévisser la vis qui fixe la butée à l'extrémité droite de la circulaire et retirer cette butée qui est engagée à queue d'aronde dans la rainure de la circulaire. Enlever le coulisseau en le faisant glisser par la droite de la circulaire. On peut alors retirer la plaque de frottement de la vis de serrage qui est engagée à queue d'aronde dans le coulisseau.

Pour remonter le coulisseau, opérer dans l'ordre inverse de celui indiqué pour le démontage.

157. *g*). **Démonter et remonter le mécanisme de cou-lissement de la douille-support de console sur la flèche.** — Pour ouvrir la boîte des engrenages du mécanisme de coulissement, dévisser la vis-arrêtoir qui se trouve sur le couvercle de cette boîte au fond de l'une des quatre entailles que porte ce couvercle, puis dévisser le couvercle lui-même en se servant d'une des broches de manœuvre que l'on engage dans les entailles du couvercle.

Démonter ensuite l'arbre à vis sans fin; à cet effet, enlevers la goupille qui maintient l'écrou placé à l'extrémité de l'arbre du côté opposé à la manivelle à cliquet; dévisser cet écrou et retirer l'arbre sans le séparer de la manivelle.

Cet arbre enlevé, on peut retirer successivement de la boîte des engrenages l'arbre vertical à pignon, la rondelle, le pignon à crémaillère et la vis sans fin.

Pour remonter le mécanisme, replacer successivement les différentes pièces dans l'ordre inverse de celui du démontage.

§ 2. — Entretien.

158. L'intérieur de la boîte à tourillons et le tambour de volant du mécanisme de pointage en hauteur sont remplis de graisse consistante; il n'est nécessaire de remplacer ou de renouveler cette graisse qu'à de très longs intervalles.

La vis de pointage doit être maintenue constamment bien graissée et exempte de cambouis; le nettoyage et le graissage en sont exécutés en général sans démontage préalable.

En cas de dureté de fonctionnement du mécanisme, si un graissage fait de l'extérieur n'est pas suffisant, démonter complètement tous les organes, les visiter, les nettoyer et les graisser abondamment.

Chaque fois que l'on effectue le nettoyage de la vis, vérifier le fonctionnement de l'arrêtoir à levier du crochet.

S'il présente une dureté de fonctionnement due à l'encrassement, il convient de le passer au pétrole et de l'huiler ensuite.

Les sus-bandes à rotation doivent tourner sans difficulté; en cas de dureté, pétroler et huiler par le trou de graissage.

La circulaire de la console, ainsi que la surface conique de cette pièce sont tenues parfaitement propres et graissées; il en est de même de la surface du coulisseau qui est en contact avec la console. On s'assure, en démontant le coulisseau de temps en temps, que cette surface ne présente aucune tache de rouille.

La boîte aux engrenages du mécanisme de coulissement de la douille-support de console sur la flèche est remplie de graisse consistante; il n'est utile de remplacer ou de renouveler cette graisse qu'à de longs intervalles.

En cas de dureté dans le fonctionnement du mécanisme, démonter complètement tous les organes, les nettoyer et remplir de graisse la boîte des engrenages.

Toutes les parties non peintes de l'affût doivent toujours être tenues en parfait état de propreté et graissées, en particulier : le pivot, l'intérieur de la douille du support pivotant, la flèche et sa crémaillère ainsi que la rallonge de flèche.

Mettre quelques gouttes d'huile de temps en temps aux articulations de la semelle de crosse et des semelles des deux branches.

B) AFFUT DE REMPART OMNIBUS.

L'affût de rempart M^{le} 1907 omnibus est organisé pour recevoir indifféremment la mitrailleuse M^{le} 1907 et la mitrailleuse M^{le} 1900.

Il ne diffère de l'affût de rempart M^{le} 1907 que par les points suivants :

1° La vis de pointage, l'arrêtoir à levier et le pignon écrou de vis de pointage sont remplacés par des pièces spéciales;

2° La douille de pivot, le flasque de support pivotant, le masque supérieur et la rallonge de masque sont légèrement modifiés;

3° La collection des pièces de rechange comprend un arrêtoir à levier du nouveau tracé;

4° La marque portée par le support pivotant et la boîte à tourillons comporte l'indication particulière « omnibus »;

5° Les inclinaisons que la mitrailleuse peut prendre sur l'affût varient avec le modèle de la mitrailleuse (M^{le} 1907 et M^{le} 1900).

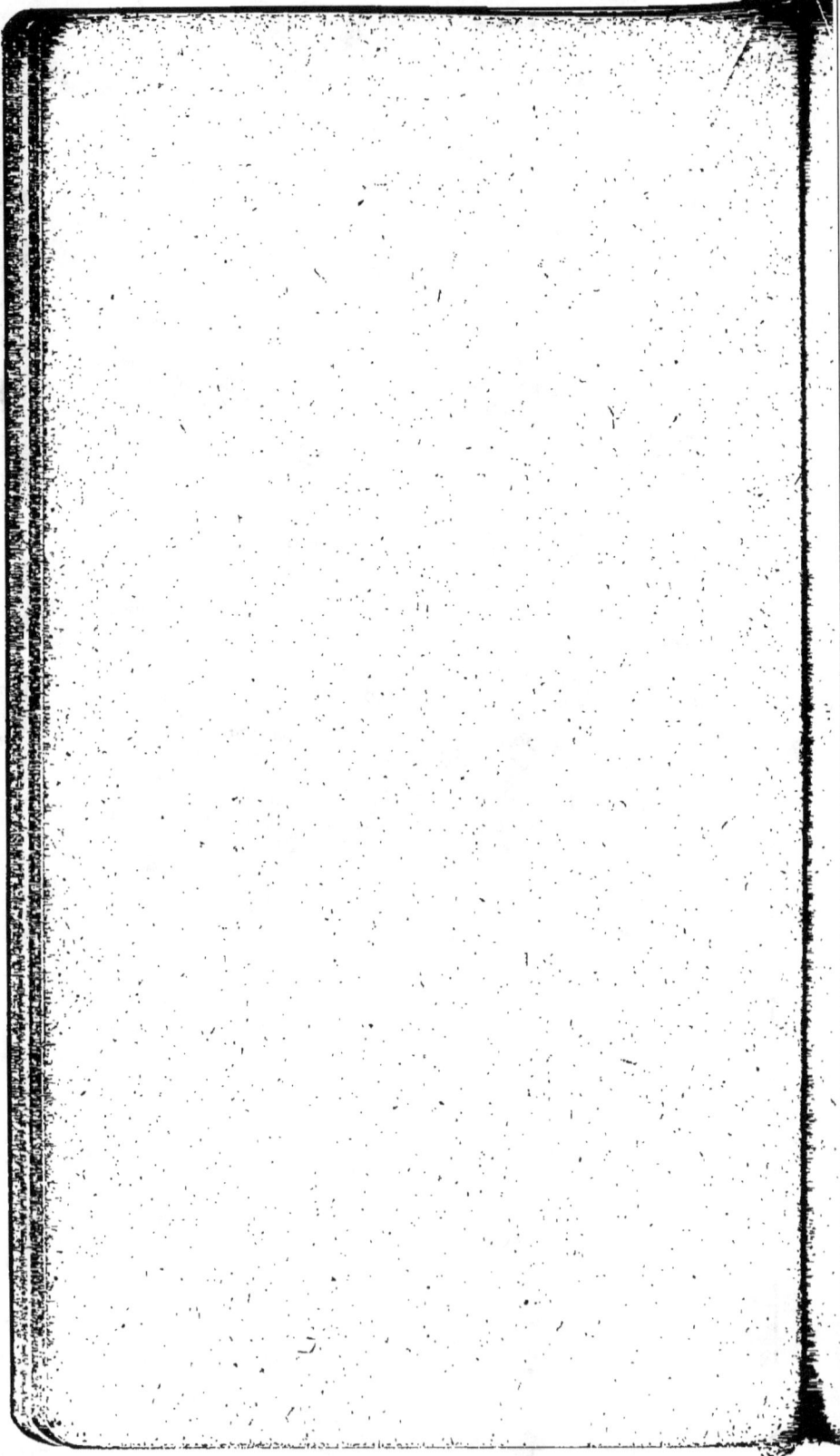

TITRE IV.

MUNITIONS.

—

CHAPITRE X.

CARTOUCHES.

—

159. La mitrailleuse modèle 1907 tire les cartouches suivantes :

1° La cartouche modèle 1886 D (1);

2° La cartouche à blanc modèle 1905 (2);

160. Elle peut tirer aussi la cartouche modèle 1886 M (3); mais, sa hausse n'étant pas disposée pour l'emploi de cette dernière cartouche, il est nécessaire, dans ce cas, de déterminer la graduation de la hausse qui convient à la distance réelle de l'objectif.

On peut se servir à cet effet du tableau de concordance ci-après :

---

(1) Table des dimensions approuvée le 23 avril 1901.

(2) Table des dimensions approuvée le 31 août 1906.

(3) Table des dimensions approuvée le 7 novembre 1891.

HAUSSES A EMPLOYER

POUR

LE TIR DE LA CARTOUCHE MODÈLE 1886 M

DANS LA MITRAILLEUSE MODÈLE 1907

DISTANCE de L'OBJECTIF.	GRADUATION de la HAUSSE à employer.	DISTANCE de L'OBJECTIF.	GRADUATION de la HAUSSE à employer.
mètres		mètres	
100............		1.000..........	1.350
150............		1.050..........	1.400
200............	250	1.100..........	1.500
250............		1.150..........	1.550
300............		1.200..........	1.600
350............	400	1.250..........	1.700
400............	500	1.300..........	1.750
450............	600	1.350..........	1.800
500............	650	1.400..........	1.850
550............	750	1.450..........	1.950
600............	800	1.500..........	2.000
650............	900	1.550..........	2.100
700............	950	1.600..........	2.150
750............	1.000	1.650..........	2.200
800............	1.100	1.700..........	2.300
850............	1.150	1.750..........	2.350
900............	1.200	1.800..........	2.400
950............	1.300		

NOTA. — L'application de la règle suivante permet d'ailleurs d'obtenir sur la graduation de la hausse à employer des renseignements d'une exactitude suffisante dans la plupart des cas :

« Utiliser la graduation de la hausse qui correspond aux 4/3 de la distance réelle de l'objectif. »

161. Les cartouches modèle 1886 D composant l'approvisionnement de guerre des sections sont conservées :

1° Les cartouches sur bandes-chargeurs (approvisionnement immédiat), dans des caisses à munitions de Puteaux;

2° Les cartouches en paquets et en trousses (approvisionnement complémentaire) dans des caisses blanches n° 3, avec caisses intérieures en zinc.

En vue de la visite annuelle des munitions de première ligne, les mesures suivantes sont prises pour permettre de reconstituer le signalement des cartouches contenues dans les caisses à munitions :

1° Les cartouches employées pour le chargement de chaque caisse doivent, autant que possible, provenir d'un même lot de fabrication;

2° Une étiquette découpée dans un rectangle enveloppe de paquet est collée intérieurement sur le couvercle de la caisse;

3° Quand le chargement devra comprendre des cartouches de deux lots, outre les étiquettes correspondant à chacun de ces lots, on colle sur le couvercle du récipient une étiquette spéciale donnant toutes les indications utiles en vue de permettre de différencier les cartouches; celles-ci devront, à cet effet, être disposées par lot, d'une façon méthodique, dans les différents compartiments de la caisse.

162. Les cartouches d'instruction, en paquets et trousses, sont ordinairement conservées dans des caisses blanches n° 3 modèle 1906, avec caisses intérieures en zinc.

CHAPITRE XI.

BANDES-CHARGEURS.

(Planche III.)

163. La description des bandes-chargeurs est donnée dans le Titre I de la présente instruction (N° 21).

164. Le Règlement de manœuvres indique d'autre part la façon de préparer les bandes.

CHAPITRE XII.

CAISSE A MUNITIONS DE PUTEAUX.

(Planche X.)

165. La caisse contient six cases dans chacune desquelles on introduit deux bandes-chargeurs. Les deux bandes-chargeurs d'une même case doivent être placées tête-bêche, les bandes au milieu, les cartouches à l'extérieur.

Le couvercle, formé par un des petits côtés du prisme constituant la caisse, est maintenu par un fermoir à ressort. Il est muni d'une poignée pour le transport de la caisse.

La caisse est munie de nervures longitudinales en bois qui s'engagent dans les entailles des bâts de munitions et s'opposent au déplacement des caisses pendant les marches.

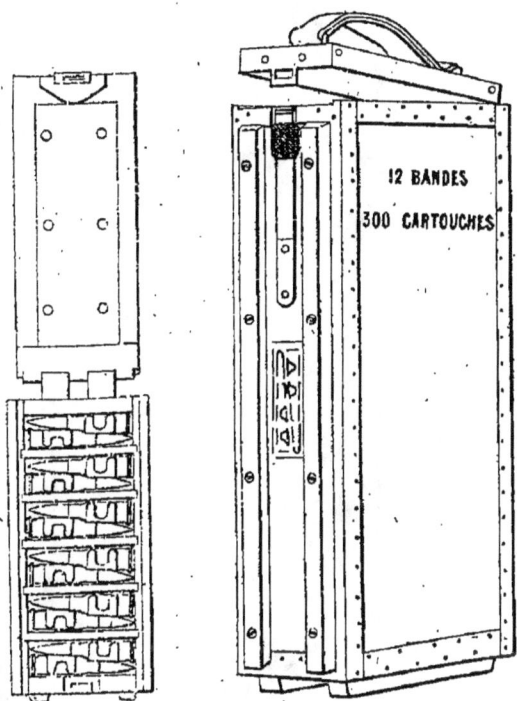

PL. X ._ Caisse à munitions de Puteaux.

TITRE V

ACCESSOIRES DIVERS

168. La section est pourvue d'accessoires destinés au service des mitrailleuses, à leur démontage et à leur entretien, ainsi que de pièces de rechange pour les mitrailleuses et les affûts.

Ces objets sont placés, soit dans deux sacs à chiffons, soit dans les caisses de rechanges ou d'outillage; les canons et tringles de rechange sont portés directement par les bâts dans les sections de mitrailleuses de campagne et dans celles de défense mobile; ils sont placés dans la caisse M¹ᵉ 1909 pour mitrailleuse M¹ᵉ 1907, dans les sections de défense des forts et ouvrages.

169. Chaque *sac à chiffons* contient :

Une *épaulière* et une paire de *gants spéciaux* servant au transport du canon quand il est échauffé par le tir.

Un *seau en toile*; des *chiffons*.

Une *burette M¹ᵉ 1880* contenant de l'huile dans l'un des sacs et du pétrole dans l'autre.

Le chargement de l'un des sacs à chiffons comporte de plus une *trousse M¹ᵉ 1880* contenant : un tournevis, avec manche, une clef de bouchon de burette M¹ᵉ 1880, deux limes (une plate, une feuille de sauge), un manche de lime, un chasse-goupille, un marteau.

Pour garnir la trousse, placer la lame de tournevis et son manche l'un sur l'autre dans la passe voisine de la lanière de fermeture. Engager les autres objets dans les passes suivantes, dans l'ordre ci-dessus, à l'exception du marteau.

Replier les extrémités de la trousse sur les outils, placer le marteau par-dessus et enrouler la trousse autour de lui, puis la maintenir au moyen de la lanière.

Pour charger le sac à chiffons, y introduire un kilogramme de chiffons répartis sur le fond et contre les parois du sac, de manière à laisser un vide central. Mettre debout, dans ce vide, à l'un des bouts la trousse en cuir (s'il y a lieu), au milieu la burette M¹ᵉ 1880 et à l'autre bout la paire de gants spéciaux et l'épaulière préalablement roulée. Introduire le seau en toile de champ le long de ces objets.

Lorsque le seau en toile est mouillé, il est provisoirement suspendu en dehors du sac, les lanières de celui-ci passées dans le croisillon du seau.

Dans les sections de campagne et dans celles de défense mobile, les bâts de mitrailleuse portent chacun un sac à chiffons.

170. Caisse aux rechanges n° 1. — La caisse présente sensiblement l'aspect extérieur des caisses à munitions, mais le couvercle est formé par une des grandes faces du prisme. Ce couvercle est maintenu par deux fermoirs à ressort.

Le chargement de la caisse est le suivant :

CASIER SUPÉRIEUR.

Culasses mobiles complètes...............	2
Elévateur complet.....................	1
Tracteurs............................	2
Levier de percuteur...................	1
Extracteurs..........................	3
Percuteurs...........................	2
Galets de pignon-manivelle.............	2
Rivets de galet de pignon-manivelle......	2
Axes d'élévateur, avec écrou...........	2
Grains d'appui du canon...............	4

CASIER INFÉRIEUR.

Ressorts récupérateurs M^{le} 1907.........	4
Pignon-manivelle......................	1
Gâchette avec ressort..................	1
Doigts de barillet (paires)..............	2
Détentes complètes....................	2
Piston moteur........................	1
Bouchons de chambre à gaz............	2
Vérificateur de la feuillure (tampon de rebut)...............................	1
Boîte cylindrique en fer-blanc pour rechanges de mitrailleuse................	1

(Le chargement de la boîte est calé avec des chiffons.)

Dans la boîte en fer-blanc.	Axes {	de galet de culasse mobile.	2
		de levier d'élévateur......	2
	Chasse-goupille {	de 1^m/8.........	1
		de 2^m/8.......	1
	Cuirs de trou d'air et de trou de remplissage...................		4
	Ejecteurs......................		2
	Ergots-arrêtoirs de ressort amortisseur......................		6

V. INSTRUMENTS.

Dans la boîte en fer-blanc.

Vis.
- Ressorts amortisseurs M^{le} 1907.... 2
- arrêtoirs de bague-écrou.... 2
- de trou d'air et de trou de remplissage de l'appareil de réglage de la vitesse. 4
- fixant l'éjecteur. 4

Boîte prismatique en zinc pour rechanges d'affûts. 1

(Le chargement de la boîte est calé avec des chiffons.)

Dans la boîte en zinc.

	QUANTITÉS par section sur affûts	
	trépied.	de rempart.
Arrêtoir à levier avec axe et ressort....	1	1
Axes : de branches de compas avec bague et goupille..............	1	»
Axes : de charnière avec contre-rivure.	1	»
Bonshommes : arrêtoir, avec ressort et goupille.	»	1
Bonshommes : de levier, avec son ressort et son bouton....	»	1
Bonshommes : de manivelle avec ressort.	1	»
Bagues à oreille de sus-bande, avec leurs goupilles.	»	2
Écrou de support......................	1	1
Ficle de niveau de pointage (montée dans son tube).	»	1
Goupilles assorties d'affûts : trépied. . .	10	»
Goupilles assorties d'affûts : de rempart. . . .	»	6
Levier-arrêtoir de sus-bande.............	1	»
Osselets.	2	2
Poussoirs : de levier avec ressort et vis-bouchon.	1	»
Poussoirs : de sus-bande, avec ressort..	»	1
Poussoirs : à boudin d'osselets..........	1	1
Ressorts : arrêtoir de boîtes à tourillons, avec son rivet......	»	1
Ressorts : arrêtoir d'axe et son rivet...	»	1
Ressorts : de bonhomme de cliquet....	»	1
Ressorts : arrêtoirs de douille, avec leurs deux rivets..........	»	2
Rivets assortis d'affûts : trépied.	6	»
Rivets assortis d'affûts : de rempart. . .	»	19
Verrou de manivelle d'arrêt de position de flèche avec ressort et vis-arrêtoir..	1	»

171. Caisse d'outillage n° 2. — La caisse présente la même disposition que la précédente, mais les casiers intérieurs sont différents.

Le chargement de la caisse est le suivant :

CASIER SUPÉRIEUR.

Forets de nettoyage (emmanchés)	du trou d'admission des gaz dans le canon......	1
	du trou d'admission des gaz, de la bague-écrou et du manchon.........	1
Levier de manœuvre du régulateur d'échappement................		1
Poignée de hampe d'écouvillon..........		1
Hampe d'écouvillon (en deux pièces).....		1
Dégorgeoir pour le logement du percuteur...................		1
Lavoir....................		1
Crochet tire-balle................		1
Ecouvillons.	pour canon...............	1
	pour logement du percuteur...............	1
Remplisseur.................		1
Dégorgeoir pour chambre à canon........		1
Crochet tire-cartouche, emmanché.......		1
Pinceau...................		1
Clefs.	de bague-écrou et de boulon d'assemblage...........	1
	du canon, du bouchon de chambre à gaz et du piston........	2
Chasse-cartouches................		1
Tire-douilles................		1
Curettes de cuvette de culasse mobile....		2
Outil de nettoyage du régulateur d'échappement.......................		1

CASIER INFÉRIEUR.

Cuvette en laiton pour le lavage des pièces.................		1
Burette à huile, en laiton...........		1
(Dans la cuvette en laiton. La burette contient 0 k. 080 d'huile).		
Outil de nettoyage du profil du bouchon de chambre à gaz................		1
Alésoir-fraise pour nettoyer.	la chambre à gaz (en deux pièces)............	1
	l'alésage et la tranche du bouchon de chambre à gaz................	1

Porte-lames pour nettoyer le collet du
piston. 1
Fraise pour nettoyer la tranche du piston. 1
Fausse cartouche M^{le} 1886 en bronze. . . . 1
Entonnoir. 1

172. Rechanges non contenus dans la caisse aux rechanges n° 1. — Les bâts de mitrailleuse des sections de campagne et de défense mobile portent chacun un canon de rechange et une tringle de rechange placés dans des étuis spéciaux.

Dans les sections de défense des forts et ouvrages, ces objets sont placés dans deux *caisses M^{le} 1909 pour mitrailleuse M^{le} 1907.*

Le chargement de chacune de ces caisses comporte :

Mitrailleuse. 1
Canons de rechange. 2
Bretelle. 1 (1)
Bricole. 1 (1)
Tringle de rechange. 1
Burette à huile contenant un approvisionnement de valvoline. 1 (2)
Clef de burette. 1 (2)
Instruction sur la composition et le chargement de la section. 1 (2)

La burette à huile contenant de l'huile valvoline spéciale fait partie de l'approvisionnement complémentaire de la section dans les sections de défense mobile, ainsi que les deux canons de rechange supplémentaires.

---

(1) Seulement dans les sections sur affûts de remparts, pour le transport des affûts et de leurs boucliers.
(2) Seulement dans l'une des caisses.

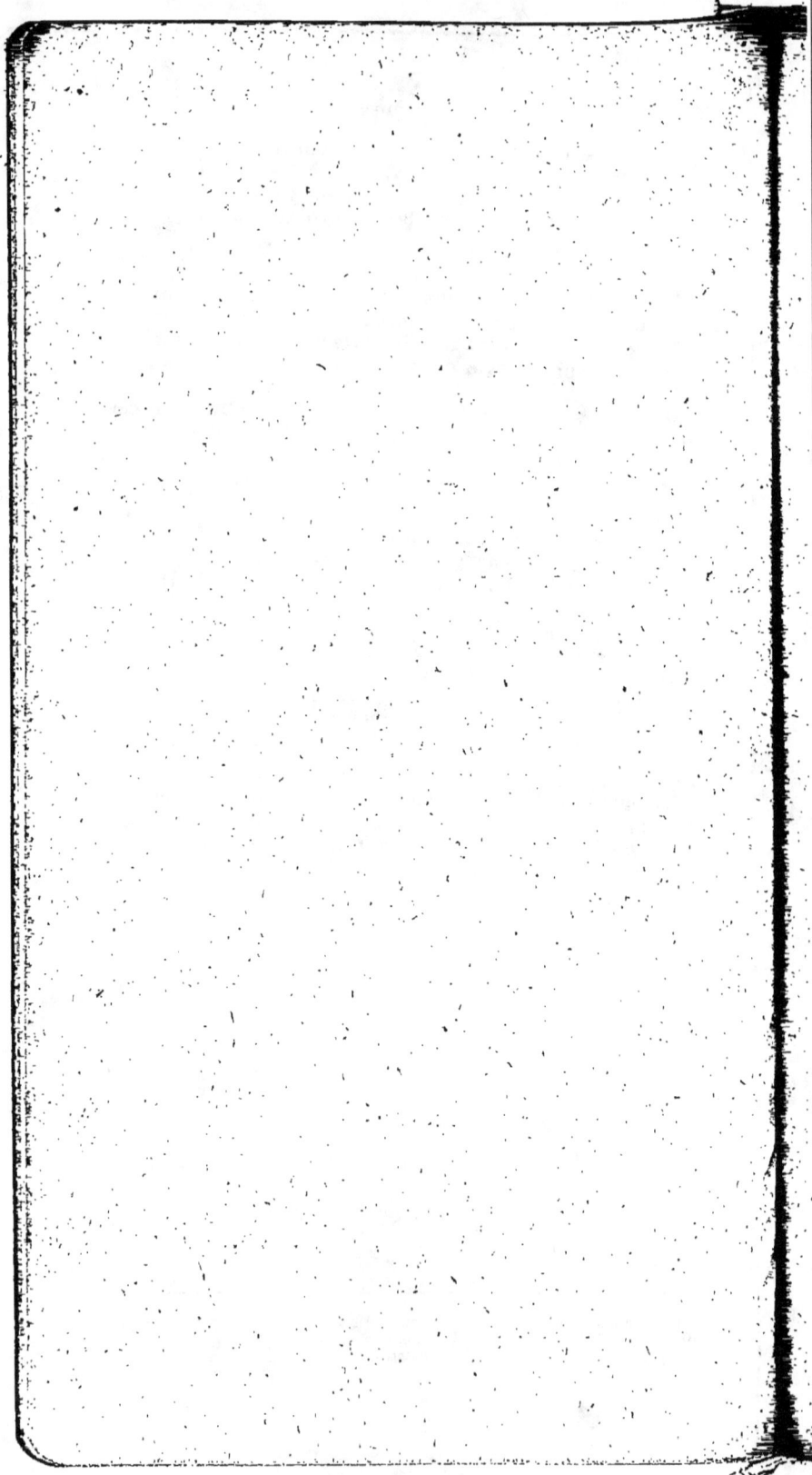

TITRE VI.

MATÉRIEL DE TRANSPORT.

(Pl. xi à xv.)

CHAPITRE XIII.

BATS.

---

§ 1. — Description des bâts.

173. Les sections de mitrailleuses M¹⁹ 1907 sont dotées, soit du bât de mulet M¹⁹ 1876, soit du bât de cheval M¹⁹ 1879-1887 ou du bât de cheval M¹⁹ 1908.

Ces bâts ont la même organisation; ils ne diffèrent que par leurs dimensions et par quelques détails de construction.

Les bâts sont appropriés, les uns au transport de la mitrailleuse et de l'affût, les autres au transport des caisses à munitions de Puteaux.

Bât de mitrailleuse.

174. Le bât comprend un arçon muni de diverses ferrures, une paire de panneaux, des accessoires de bât et des garnitures mobiles en cuir.

L'arçon est formé de deux arcades en bois réunies par des aubes, également en bois, et renforcées par des ferrures. Il est muni à l'avant de deux contre-sanglons de montants de poitrail et de deux contre-sanglons de poitrail; à l'arrière, de deux contre-sanglons d'avaloire.

Les arcades portent chacune : au sommet, un crochet-rênoir (à l'avant) ou un anneau de longe de croupière (à l'arrière) et deux crochets de charge (un de droite et un de gauche); plus bas, deux crochets de brêlage en forme de T (1); à la partie inférieure, deux pitons de brêlage (2).

Les aubes portent de chaque côté deux chapes de courroies de surcharge et deux cachapures avec dés et lanières pour la fixation de la sangle double.

L'arçon est, en outre, muni des ferrures suivantes pour le transport de la mitrailleuse, de l'affût et des rechanges :

A gauche : *deux crochets* garnis de laiton pour porter le trépied; une *traverse à pivot* avec courroie de brêlage pour porter le support pivotant;

A droite : *deux crochets* garnis de cuivre ou de laiton, pour porter la mitrailleuse;

Au sommet : *deux supports* destinés à recevoir, soit la caisse aux rechanges n° 1, soit la caisse d'outillage n° 2.

Les *panneaux*, destinés à préserver l'animal du contact direct de l'arçon et à répartir le poids du bât et de la charge, sont fixés aux aubes par des lanières.

Les *accessoires* du bât comprennent une sangle double, deux cordes de charge (3), deux courroies de surcharge et une poche à fers.

Les *garnitures* mobiles en cuir servent à la fixation ou à la protection de certaines parties du matériel; elles sont organisées de manière à rester fixées au bât lorsque le matériel est déchargé. Elles comprennent :

A gauche :

Une *gaine de pivot de trépied*; cette gaine est munie d'une courroie d'attache se fixant au piton de brêlage d'avant;

Deux *courroies de brêlage de trépied*, l'une d'avant, l'autre d'arrière, s'engageant dans le piton de brêlage correspondant où elles sont maintenues chacune par un passant coulant;

Un *étui de support pivotant*, dont la partie antérieure recouvre la fourche et la partie postérieure le système de

---

(1) Ces crochets n'existent que sur les bâts Mⁿ 1879-1887 d'ancienne fabrication.

(2) Pour quelques bâts d'ancienne fabrication, ces pitons sont munis d'anneaux.

(3) Les cordes de charge, d'un diamètre de 14 à 16^{mm}, ne s'emploient que pour les bâts d'ancienne confection munis d'anneaux de brêlage à la partie inférieure des arcades. Pour les bâts de confection plus récente, qui ne comportent pas d'anneaux de brêlage, mais seulement des pitons, on emploie des cordes de charge ayant seulement de 10 à 12^{mm} de diamètre.

LÉGENDE

DES PLANCHES XI À XIV.

Bât.

1. Arcades.
2. Aubes.
3. Crochets de charge.
4. Crochet renoir.
5. Anneau de longe de croupiers.
6. Piton de brêlage.
7. Chapes de courroies de surcharge.
8. Enchapures de dés de lanières.
9. Lanières de sangle double.
10. Dés d'enchapure.
11. Contre-sanglons de montants de poitrail.
12. Contre-sanglons de poitrail.
13. Contre-sanglons d'avaloire.
14. Panneaux.
15. Lanières d'attache de panneau.

Éléments du bât de mitrailleuse.

16. Crochets de mitrailleuse.
17. Crochets de trépied.
18. Traverse à pivot.
19) Supports de caisse.

Garnitures mobiles.

20) Gaine de pivot de trépied.
21) Courroies de brêlage de trépied.
22. Etui de support pivotant.
23. Etui de culasse.
24. Etui de bouche.
25. Etui de canon de rechange.
26. Etui de tringle.

Éléments du bât de munitions.

27. Courroies de brêlage de caisse.
28. Etrier de bât.

Accessoires.

29. Cordes de charge.
30. Poché à fers.
31. Courroies de surcharge.
32. Sangle double.
33. Sac à chiffons.

Harnais du bât.

35. Poitrail.
36. Boucleteaux de montants de poitrail.
37. Croupière.
38. Bras d'avaloire.
39. Culeron.
40. Avaloire.
41. Boucleteaux d'avaloire.

Garniture de tête.

42. Dessus de tête.
43. Frontal.
44. Montants.
45. Muserolle.
46. Collier sous-gorge.
47. Anneau d'alliance.
48. Longe en corde.

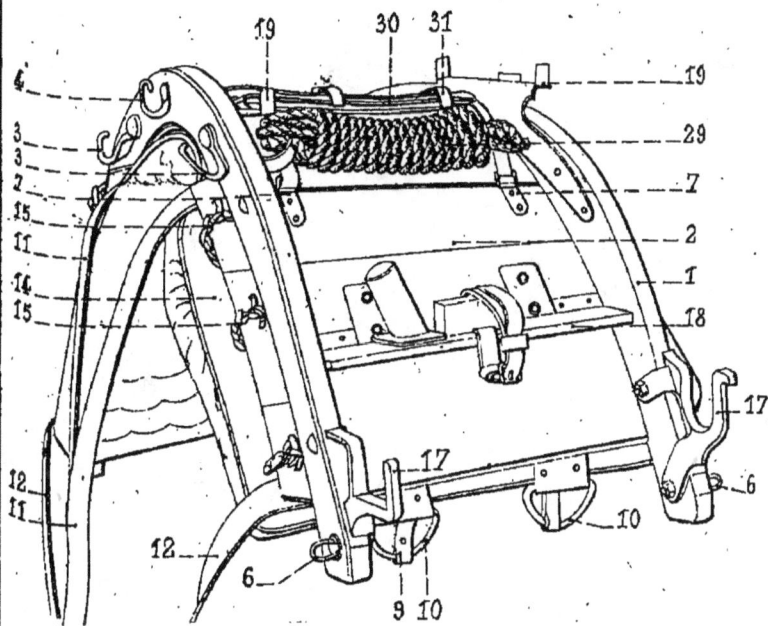

PL.XI.—Bât de mitrailleuse. *(non garni)*

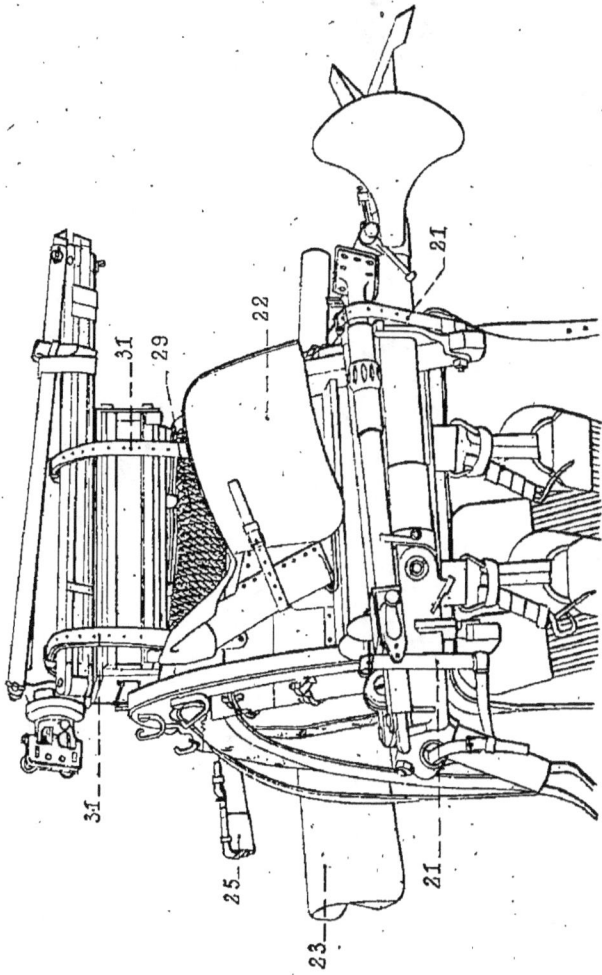

PL. XII. Bât de mitrailleuse chargé. (Côté gauche).

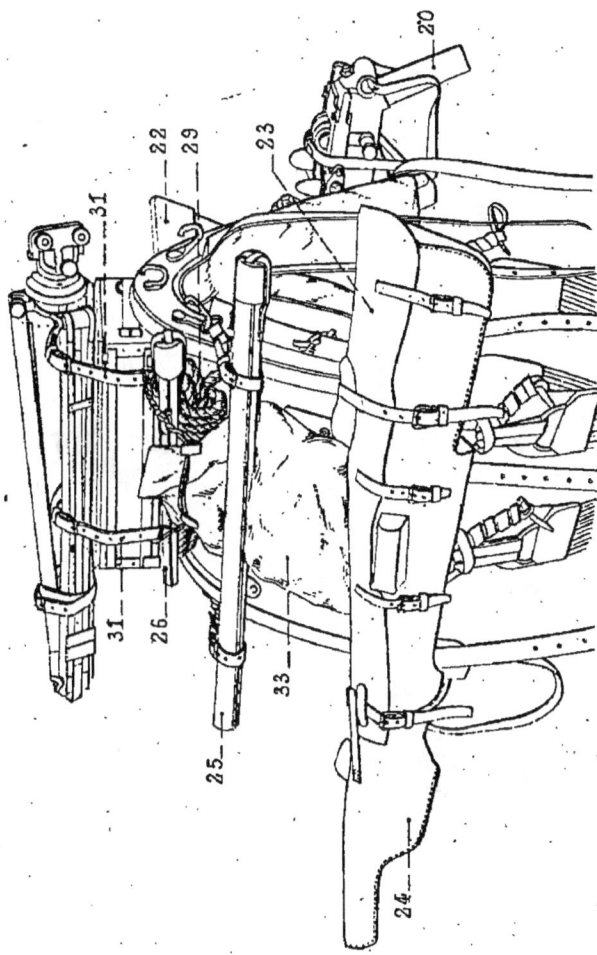

PL. XIII. Bât de mitrailleuse chargé. (Côté droit).

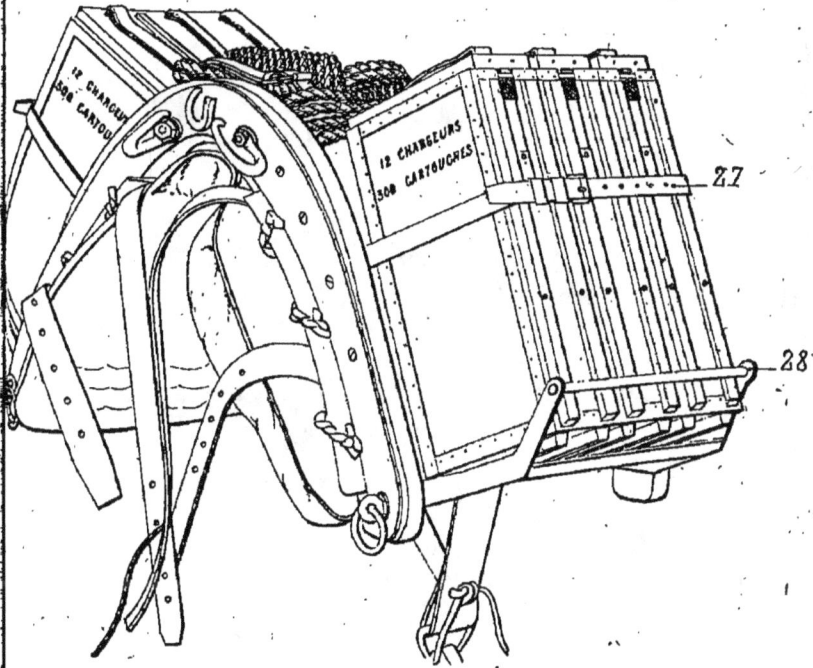

12 CHARGEURS
500 CARTOUCHES

12 CHARGEURS
500 CARTOUCHES

27

28

PL. XIV.— Bât de munitions, chargé.

Garniture de tête modèle 1906 et harnais de bât modèle 1908.

pointage; il porte une dragonne munie d'un bouton double.

(Lorsque le support pivotant n'est pas en place, son étui est suspendu au crochet de charge d'arrière par sa courroie bouclée.)

A droite :

Un *étui de mitrailleuse* en deux parties : *l'étui de culasse* percé de deux entailles pour les crochets du bât; il est muni de deux courroies de brêlage; *l'étui de bouche* qui porte une dragonne munie d'un bouton double.

(Lorsque la mitrailleuse est dans son étui, l'étui de bouche est maintenu sur l'étui de culasse par une passe dans laquelle s'engage la courroie postérieure de fermeture de l'étui de culasse; lorsqu'elle n'y est pas, l'étui de bouche est placé dans l'étui de culasse);

Un *étui de canon de rechange*, muni de deux courroies de suspension pourvues chacune d'un anneau;

Un *étui de tringle*, muni de deux passes et de deux lanières pour le fixer aux courroies de surcharge.

Bât de munitions.

175. Le bât comprend un arçon, une paire de panneaux et des accessoires de bât.

L'arçon est constitué comme celui du bât de mitrailleuse et pourvu des mêmes ferrures à l'exception de celles qui sont spéciales au transport de la mitrailleuse, de l'affût et des rechanges. Il est muni d'organes pour le transport des caisses à munitions de Puteaux, savoir :

Deux étriers articulés à la partie inférieure des arcades (un à droite et un à gauche);

Quatre traverses en bois fixées sur les aubes (deux à droite et deux à gauche); elles portent des encoches dans lesquelles pénètrent les nervures des caisses;

Deux courroies de brêlage de caisses (une à droite et une à gauche) constituées chacune par un boucleteau et un contre-sanglon fixés aux arcades.

Les panneaux et les accessoires de bât sont identiques à ceux du bât de mitrailleuse.

§ 2. — Manière de garnir les bâts.

176. Garnir le bât de mitrailleuse. — Rouler les cordes de charge en boudin, en leur donnant une longueur un peu inférieure à l'intervalle qui existe entre les arcades du bât.

Engager la courroie antérieure de surcharge, la chair du cuir en dessus, dans les ganses de la corde de charge de gauche, puis de gauche à droite, dans la chape antérieure gauche du bât, dans la passe antérieure de la poche à fers, dans la chape antérieure droite du bât, puis dans les ganses de la corde de charge de droite. Boucler la courroie en réglant sa position de telle sorte que sa boucle se trouve à peu près à hauteur du milieu de l'épaisseur de la caisse d'outillage ou de rechanges qui sera ultérieurement placée sur le bât.

Opérer de même pour la courroie de surcharge postérieure.

Attacher la sangle double aux lanières de sangle double du côté droit du bât, au moyen de nœuds hongrois. Pour faire un nœud de ce genre, prendre la lanière avec la main droite; l'engager dans le dé correspondant de la sangle, de dedans en dehors; la passer dans le dé du bât de dehors en dedans, puis une deuxième fois dans le dé de de la sangle de dedans en dehors, et dans le dé du bât de dehors en dedans. Tendre avec la main gauche les brins de la lanière qui se trouvent entre les deux dés, la main droite tirant sur le bout libre.

Lorsque le dé de la sangle et le dé du bât sont à une distance convenable l'un de l'autre, passer le bout libre de la lanière par-dessus les brins tendus, contre le dé du bât, et l'y maintenir avec le pouce de la main droite; doubler la lanière de la main gauche, à 20 centimètres environ du pouce de la main droite; engager la partie doublée, d'abord dans le dé du bât de bas en haut et de dedans en dehors, puis sous le brin transversal de haut en bas, et tirer dessus pour serrer le nœud ainsi formé. Enrouler ensuite la lanière à plat autour de la partie doublée restant encore libre, en commençant de dessous en dessus, doubler l'extrémité de la lanière, l'engager dans la ganse et l'y fixer en tirant sur la partie enroulée.

Fixer à la branche supérieure du piton de brêlage antérieur gauche la courroie d'attache de la gaine de pivot de trépied en engageant l'extrémité de cette courroie dans le piton, de dessus en dessous, et en l'y fixant au moyen de son bouton double.

Engager le contre-sanglon de chaque courroie de brêlage de trépied dans le piton de brêlage correspondant, de dessus en dessous; le passer autour de la branche inférieure du piton, puis l'engager dans le passant coulant et ramener celui-ci contre le piton.

Fixer, au moyen de son bouton double, la dragonne d'étui de support pivotant au crochet de brêlage postérieur gauche (bât sans crochet de brêlage : à la lanière postérieure d'attache de panneau).

Placer l'*étui de culasse* sur les crochets de droite en engageant ceux-ci dans les entailles, les crochets étant entièrement à l'intérieur de l'étui; coiffer avec sa garniture la pointe du crochet d'arrière. Engager le contre-sanglon de la courroie antérieure de brêlage d'étui de culasse dans le piton de brêlage de dessous en dessus. Faire passer le contre-sanglon de la courroie postérieure de brêlage d'étui de culasse de dessous en dessus sur la patte inférieure du crochet d'arrière de mitrailleuse (bât M^{le} 1876 ou M^{le} 1908 : sur la branche inférieure du piton d'anneau de brêlage d'arrière).

Fixer au moyen de son bouton double la dragonne d'*étui de bouche* au crochet de brêlage d'arrière (bât sans crochet de brêlage : à la branche supérieure du piton de brêlage).

Accrocher l'étui de canon de rechange par les anneaux de ses courroies de suspension aux crochets de charge de droite, le couvercle en avant.

Engager de dessous en dessus les contre-sanglons des courroies de surcharge dans les passes de l'étui de tringle disposé le couvercle en avant et les arrêter au moyen d'une lanière passée dans les passes et dans les trous d'ardillon du contre-sanglon.

177. Garnir le bât de munitions. — Rouler les cordes de charge et mettre en place les courroies de surcharge, la poche à fers, les cordes de charge, comme pour le bât de mitrailleuse.

CHAPITRE XIV.

HARNACHEMENT DES ANIMAUX DE BAT.

178. Le harnachement des animaux de bât comprend, en plus des bâts, une garniture de tête (M^{le} 1879 ou M^{le} 1906) et un harnais de bât.

Chaque animal est, en outre, pourvu d'une couverture (bleue pour les chevaux, grise pour les mulets), d'un surfaix de couverture et d'une musette-mangeoire.

Garniture de tête M^{le} 1879.

179. La garniture de tête se compose d'un bridon et d'un collier d'attache avec longe en chaîne.

Garniture de tête M^{le} 1906.

180. La garniture de tête se compose d'un bridon-licol et d'une longe en corde.

La longe en corde peut se fixer, soit aux anneaux du mors, pour tenir lieu de rênes, soit à l'anneau d'alliance lorsqu'on doit attacher l'animal.

Harnais de bât.

181. Le harnais de bât est du modèle 1876 pour les mulets et du modèle 1908 pour les chevaux. Ces divers modèles ne diffèrent que par leurs dimensions et par de légers détails de construction.

182. Le harnais de bât se compose d'un poitrail, d'une avaloire et d'une croupière.

Le poitrail sert à empêcher le bât de glisser en arrière; le corps de poitrail se boucle aux contre-sanglons de poitrail portés par le bât. Le poitrail est muni de deux boucleteaux qui se fixent aux contre-sanglons de montants de poitrail portés par le bât.

L'avaloire sert à empêcher le bât de glisser en avant. Elle se boucle aux contre-sanglons d'avaloire du bât. Elle est suspendue par ses boucleteaux aux bras d'avaloire de la croupière; cette dernière est bouclée dans l'anneau du bât.

CHAPITRE XV.

CAISSON DE RAVITAILLEMENT.

183. Le caisson est du modèle 1858 de l'artillerie. Il comporte trois coffres Mⁱˢ 1858 allongé, un sur l'avant-train et deux sur l'arrière-train.

Les coffres d'arrière-train ne contiennent que des cartouches sur bandes empaquetées dans du papier; le coffre d'avant-train contient des cartouches sur bandes placées dans des caisses à munitions de Puteaux, qui peuvent servir de rechange lorsque celles des bâts de munitions sont détériorées.

Le coffre d'avant-train contient en outre divers accessoires (canons de rechange, burette de valvoline pour l'appareil de réglage, lanterne, bougies, ferrures pour les chevaux).

Les trois coffres sont munis de dossiers et de courroies pour le transport des havresacs.

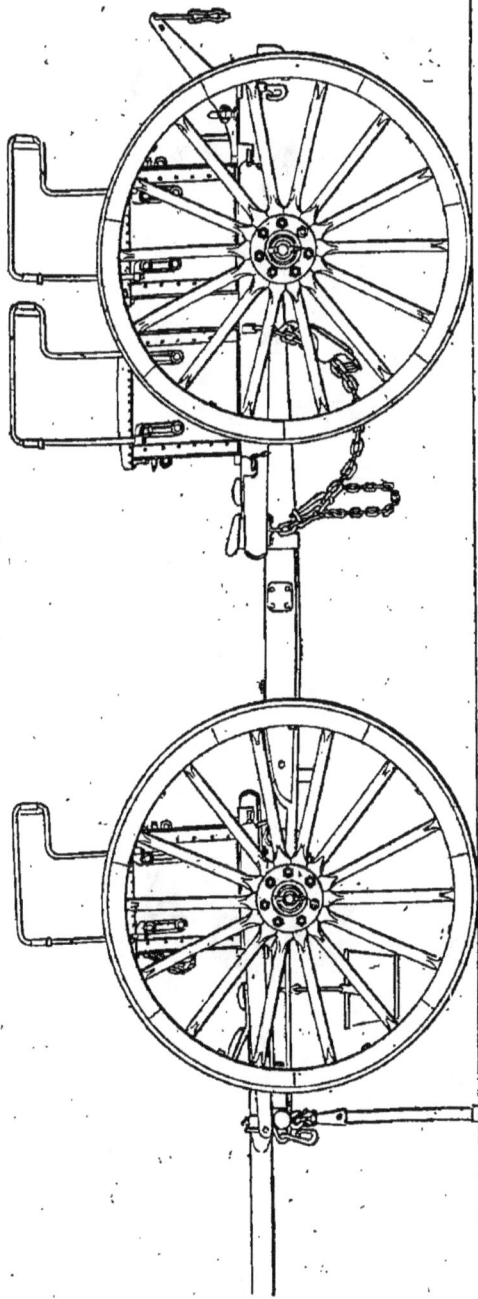

Pl. XV. Caisson de ravitaillement des sections de mitrailleuses (type mixte).

184. Chargement des coffres. — Mode d'empaquetage des bandes. — Garnir de cartouches les bandes nécessaires au chargement.

Envelopper ces bandes de papier (rectangles en papier goudron de 400×380 m/m) en les disposant deux par deux tête-bêche, les bandes à l'intérieur. Procéder à cet effet de la manière suivante :

Faire parallèlement à l'un des grands côtés du rectangle un pli de 40 millimètres environ, poser une bande à plat sur le papier; les culots des cartouches vers le pli formé, les recouvrir du papier laissé par le pli et renverser la bande pour l'entourer entièrement. Placer la seconde bande à plat au-dessus de la première et tête-bêche avec celle-ci.

Saisir l'ensemble des deux bandes et les envelopper dans le reste du rectangle de papier.

165. Chargement d'un coffre. — L'intérieur du coffre étant préalablement nettoyé, le chargement s'exécute pour chacune des six cases de la manière suivante :

Placer un lit de chiffons sur le fond de la case et, dans le cours du chargement, de 3 en 3 couches;

Garnir le vide laissé au milieu de la case entre les paquets avec des chiffons.

Chaque case reçoit 15 couches de 2 paquets de 2 bandes placés à plat et de façon que :

1° Dans chaque couche, les balles des cartouches de l'une des bandes se trouvent en face des culots des cartouches de la bande correspondante;

2° Les étuis des cartouches de la bande inférieure de chaque nouveau paquet se trouvent placés au-dessus des balles des cartouches de la bande supérieure du paquet déjà placé;

3° L'extrémité libre du rectangle de papier se trouve en dessous du paquet.

Placer un dernier lit de chiffons au-dessus du chargement pour assurer une pression suffisante du couvercle du coffre.

L'atelier, composé de 1 artificier et 2 pourvoyeurs, met environ 4 heures pour empaqueter les bandes et charger un coffre.

Ustensiles : 1 brosse à manche et 1 spatule (qui peuvent être remplacées au besoin par un tampon de chiffons et une planchette de bois mince).

186. Chargement d'un coffre d'avant-train. — Charger comme il est dit ci-dessus la case aux bandes située à l'extrémité droite du coffre.

Placer dans le compartiment arrière les fers, les paquets (1) de clous à ferrer et les crampons, la burette à valvoline et sa clef.

Placer dans le compartiment avant 8 caisses à munitions, savoir : 6 de champ au fond du coffre, la poignée à droite, la charnière au-dessus, 2 à plat contre le devant du coffre, reposant sur les premières.

Mettre en place la caisse mobile contenant les deux canons de rechange, le portefeuille, la lanterne et les bougies.

Garnir avec des chiffons les vides laissés par le chargement.

187. Objets portés extérieurement. — L'avant-train est muni des accessoires suivants :

Un *étui de traits de rechange* fixé par des courroies au coffre d'avant-train et contenant deux traits complets (traits en cuir avec rallonges en corde);

Une *corde à chevaux* de 16 mètres engagée sur les crochets fixés sous l'avant-train. Pour mettre la corde en place, engager la maille dans le crochet de droite, envelopper de dessus en dessous alternativement les deux crochets en passant chaque fois la corde sur le grand crochet et arrêter le T entre les brins de la corde ainsi ployée;

Une *botte à graisse* suspendue au crochet de droite de l'avant-train. Elle contient 2 kilogrammes de graisse consistante pour le graissage des essieux;

Deux *pioches* engagées à leurs ferrures sous le marche-pied d'avant-train et maintenues chacun par une chevillette;

Une *esse à anneau* de rechange, placée à son crampon contre la fourchette et maintenue par une lanière.

L'arrière-train porte les accessoires suivants :

Un *timon de rechange* maintenu sous la flèche par ses ferrures; les branches de support du timon sont immobilisées par une *courroie*;

Un *seau d'abreuvoir* suspendu à son crochet, à l'arrière, à gauche du brancard du milieu;

Une *masse de campement* à ses ferrures sur l'arrière-train du caisson;

Quatre *piquets de campement* (deux grands et deux petits);

Une *hachette* à ses supports, au côté gauche de la flèche;

Deux *pelles rondes* à leurs crochets, à l'intérieur des brancards.

---

(1) L'arrière du coffre est le côté opposé à celui qui porte les moraillons de fermeture.

TITRE VII

RENSEIGNEMENTS NUMÉRIQUES DIVERS

———

188. *a*) **Mitrailleuse :**

Poids de la mitrailleuse.......................... 23ᵏ800

189. *b*) **Affût-trépied :**

Poids. . . .	du support-pivotant.	8ᵏ900
	du trépied.	23ᵏ800
	TOTAL............	32ᵏ700

Pointage en hauteur.	amplitude totale (de — 25° à +20°)...		45°
	variation correspondant à	1 tour de volant.......	36' à 40'
		1/6 de tour du volant	6' ou 2 millièmes.

Pointage en direction. { Déplacement angulaire total au delà duquel la glissière du support-pivotant ne repose plus sur la circulaire du trépied (à gauche 37°, à droite 37°). . . . . 74°

Hauteur de l'axe des tourillons au - dessus du sol	affût	dressé.	0ᵐ835
		agenouillé.	0ᵐ462

190. *c)* **Affût de rempart M^le 1907 :**

$$
\text{Poids.}\ldots
\begin{cases}
\text{de l'affût sans masques}\ldots\ldots\ldots & 76^k000 \\
\text{du masque}\begin{cases}\text{partie fixe.}\ldots & 23^k500\end{cases} & 38^k000 \\
\text{supérieur}\begin{cases}\text{rallonge.}\ldots & 14^k500\end{cases} & \\
\text{du masque inférieur.}\ldots\ldots\ldots & 13^k000
\end{cases}
$$

Total de l'affût.......   127^k000

Pointage en hauteur.

- Amplitude.
  - du pointage............ ±25° (1)
  - de l'inclinaison
    - de la console.. 60°
    - de la branche mobile de fourche...... 60°
- Variation de l'inclinaison de l'arme correspondant à
  - un tour de volant........36' à 40'
  - 1/6 de tour de volant. 6' ou 2 millièmes.

Pointage en direction.

Amplitude du pointage. . . . . 160°

Fauchage en direction.

Amplitude du fauchage........ 200 millièmes

Longueur..
- de la flèche sans rallonge.......... 1^m450
- de la course de la rallonge.......... 1^m115
- maximum de la flèche............... 2^m565
- de la course du support de console. 1^m070

191. *d)* **Munitions :**

| | | | BANDE-CHARGEUR du modèle de | |
			Puteaux	St-Etienne
Poids. . . .	d'une bande-chargeur.	vide.	0^k140	0^k115
		garnie (cartouches M^le 1886 D).	0^k830	0^k805
	d'une caisse à munitions	vide.	3^k250	
		chargée (cartouches M^le 1886 D).	13^k200	12^k980

(1) Cette amplitude, pour l'affût de rempart omnibus, est de :
$\genfrac{}{}{0pt}{}{+\ 34°}{-\ 22°}$ lorsqu'il reçoit la mitrailleuse modèle 1907.
$\genfrac{}{}{0pt}{}{+\ 24°}{-\ 29°}$ lorsqu'il reçoit la mitrailleuse modèle 1900.

Nombre de
$\begin{cases}$ bandes contenues dans une caisse à munitions. . . . . 12 $\\$ cartouches $\begin{cases}$ d'une bande-chargeur. 25 $\\$ d'une caisse à munitions. . . . . 300 $\end{cases}\end{cases}$

192. e) Accessoires divers :

Poids. . . .
$\begin{cases}$ de la caisse aux rechanges n° 1. . . . . . 11^{k}100 $\\$ de la caisse d'outillage n° 2. . . . . 10^{k}100 $\\$ de la caisse M^{le} 1909 pour mitrailleuse M^{le} 1907 (vide). . . . . 19^{k}500 $\\$ de la caisse M^{le} 1909 pour mitrailleuse M^{le} 1907 (chargée). . . . . 54^{k}000 $\\$ du canon de rechange (sans étui). . . . 4^{k}750 $\\$ du sac à chiffons chargé (avec trousse M^{le} 1880). . . . . 4^{k}000 $\\$ du sac à chiffons chargé (sans trousse). . . . . 3^{k}250 $\\$ du télémètre avec sa boîte (télémètre Souchier). 8^{k}600 $\\$ du pied du télémètre (télémètre Souchier). . . . . 3^{k}500 $\\$ du télémètre de 80 centimètres M^{le} 1909 M. dans son étui. . . . . 6^{k}300 $\\$ du pied du télémètre de 80 centimètres M^{le} 1909 M. . . . . 3^{k}000 $\end{cases}$

193. f) Bâts :

Poids approximatif du. . . .
$\begin{cases}$ Bât de mulet chargé. $\begin{cases}$ Bât de mitrailleuse (avec pied de télémètre). . . . . 118^{k}000 $\\$ Bât de munitions. . . . . . 117^{k}000 $\end{cases} \\$ Bât de cheval chargé. $\begin{cases}$ Bât de mitrailleuse (avec pied de télémètre). . . . . 121^{k}000 $\\$ Bât de munitions. . . . . . 120^{k}000 $\end{cases}\end{cases}$

194. g) Caisson de ravitaillement :

Poids approximatifs. . . . . .
$\begin{cases}$ Coffre d'avant-train chargé. . . . . 265^{k}000 $\\$ Coffre d'arrière-train chargé. . . . . 388^{k}000 $\\$ Caisson sans coffres $\begin{cases}$ avant-train. . . . . 300^{k}000 $\\$ arrière-train. . . . . 340^{k}000 $\end{cases} \\$ Accessoires transportés extérieurement par le caisson. . . . . 100^{k}000 $\\$ Caisson chargé, avec accessoires, sans paquetage ni haversacs. . . . 1.800^{k}000 $\end{cases}$

TABLE DES MATIÈRES.

—

RÈGLEMENT

SUR LES SECTIONS

DE MITRAILLEUSES D'INFANTERIE.

—

TOME II

—

MATÉRIEL.

—

TITRE I.

MITRAILLEUSE.
(Pl. I, II et III.)

TITRE II.

AFFUT-TRÉPIED MODÈLE 1907, TYPE C.
(Pl. IV, V et VI.)

TITRE III.

a) AFFUT DE REMPART MODÈLE 1907.

(Pl. VII, VIII et IX.)

b) AFFUT DE REMPART OMNIBUS

TITRE IV.

MUNITIONS.

TITRE V.

ACCESSOIRES DIVERS.

TITRE VI.

MATÉRIEL DE TRANSPORT.

(Pl. XI à XV.)

TITRE VII

RENSEIGNEMENTS NUMÉRIQUES DIVERS

Paris et Limoges. — Imp. et libr. milit. Henri CHARLES-LAVAUZELLE

www.ingramcontent.com/pod-product-compliance
Lightning Source LLC
Chambersburg PA
CBHW052036270326
41931CB00012B/2519